札幌市民のための
16歳からのキャリア論

常見 陽平

はじめに

「札幌の若者よ、目を覚ませ！」

皆さん、こんにちは。常見陽平です。この本を手にとって頂き、誠にありがとうございます。

タイトルを読んできっと、驚いたことでしょう。『札幌市民のための16歳からのキャリア論』。ここまで振り切ったコンセプトの本は、なかなかありませんね。この本は、札幌で育ち、高校を卒業して、内地に出て学び働いてきた私が、札幌にいる若者にこれからの人生についてのアドバイスをするという、今までありそうでなかった本です。

「札幌市民のための」とありますが、札幌に限らず北海道に住む皆さん、さらには日本の地方都市に住む皆さんにとって役立つ内容だと自負しています。「16歳からの」と言いつつも、むしろ大学生や社会人の方にとって役立つ、忘れて欲しくない、ずっと大事にしてもらいたいことを書きました。私が16歳の時にこの本に出会っていたら、もっと悩まずに人生を歩めたかも知れません。でも、未来が見えず、ぼんやりと悩む。青春とはそういうものです。

「キャリア論」をタイトルにうたっていますが、札幌の若者に、生き方について考えてもらうための本です。オトナたちがよく言うことかも知れませんが、視野を広く持つこと。多様な視点を持つこと。これをサボると、とんでもないことになります。気づけば環境の変化に適応できない状態になっていることがあります。また、自分にはもっと大きな可能性があるのに気づかないままになっていることも。そして、自分が不幸であること、成長していないことにも気づかないのです。

簡単に自己紹介をしましょう。私は現在、3つの仕事をしています。ひとつはコンサルタントの仕事です。専門分野は、企業における新卒採用と若手人材育成のお手伝いです。企業にとって人材は最も重要な資源です。ヒト、モノ、カネ、情報、これらが現代における企業の四大資源と言われています。この中で最も大切なのは何でしょうか？　鶏が先か卵が先かという話かも知れませんが、私は間違いなくヒトが大切だと思っています。企業活動はすべて、人材を起点として始まるからです。就職氷河期再来だと言われていますが、企業の側からすると、「欲しい人材がいない」採用氷河期の時代です。企業はいかにして、優秀な人材を獲得するかに躍起になっています。

豊臣秀吉の軍師である黒田官兵衛が、秀吉に語ったと言われているエピソードがあります。

秀　吉：「官兵衛、この世の中にもっともあふれているものは何じゃ」

官兵衛：「殿、それは人でございます」

秀　吉：「それでは、もっとも足りないものは何じゃ」

官兵衛：「それもまた人にございます」

本当かどうかは別としても、人材の質と量を両立させることの難しさを物語っていると思います。

他にも「人は石垣、人は城」「人をもって城となす」など、戦国武将もその重要性を常に意識し、天下に人を求めていました。

そして、成長している企業は必ず人材の採用と育成に力を入れています。北海道を代表する企業、ニトリもそうでした。ニトリ大躍進の理由のひとつは、起業して10年経たないうちに意思を持って、当時の従業員数を上回る数の大量の採用を行ったことだと言われています。この時代に採用した人たちの成長と活躍が、道外への進出をはじめその後の大躍進につながりました。楽天、ソフトバンク、ファーストリテイリング（ユニクロ）、サイバーエージェントなどの今をときめく企業、少し前で言うならば、リクルート、ＣＣＣ（TSUTAYA）、ヤマダ電機など、急成長し注目を集めている企業は人材の採用と育成に大変な力とお金をかけているものです。

大学におけるキャリア教育のコンサルティングも行っています。現在、全国に約７８０の大学があり、18歳人口の50％以上が大学に行く時代です。新卒の求人は長いトレンドで見ると増えているのですが、大学生の増加には対応しきれていません。いまや、東大を卒業しても就職が約束されない時代です。そして、地方の私立大学を中心に、定員割れする大学も目立ってきました。大学にとっては学生が集まらなければ生き残れません。学生を集めるためには、自分の大学が就職に強いことをアピールしなければなりません。そのために、キャリア教育や就職支援に力を注いでいます。私はそのプランニングや講師の仕事をしています。

２つめは著述業です。２００7年、33歳の時に商業出版でデビューし、これまでに15冊の本を発表してきました。新聞、ウェブサイトなどの連載も5本持っています。幼い頃から物書きになりたいと思っていましたが、気付けばこの世界にいます。

３つめは、２０１０年から始めた大学講師の仕事です。実践女子大学、白百合女子大学、武蔵野美術大学などで、非常勤講師としてキャリア教育科目を担当しております。

マルチに活動していますが、私のテーマは「若者×働く」です。全ての仕事はこの領域に関わるものです。私はよく起業家やフリーランスだと思われているのですが、実はサラリーマンです。株式会社クオリティ・オブ・ライフの社員です。役職で言うと部長くらいなのですが、なんせ従業員数が10名以下の零細企業です。株も持っていません。

サラリーマンでありながら、マルチに活動する。そんな新しい働き方について、私自身が大いなる実験をしています。朝は5時から働き始め、夜は7時には仕事をやめるようにしています。実にメリハリがあり、充実した日々を送っています。

この本は、「若者×働く」というテーマをライフワークとしている私が、札幌の若者に、近い将来にいきいきと楽しく働くためのヒントを提示する本です。青春の悩みを解決する本でもあります。自分の道を強く進むために札幌の若者を応援したいのです。

日本も、北海道も、札幌も変化の真っ只中にあり、未曾有の危機にあるわけなのですが、何にせよ他人のせいにしたり、諦めたりして、当事者意識がないと感じる瞬間があります。人のせいにしても始まりません。大変な状況においてこそ、ではどうするべきなのかを考えなくてはなりません。

青臭いことを言いますが、こんな時代だからこそ、愛と勇気が必要です。前述したように、札幌に対しては一時、複雑な心境でいましたが、今は自分が経験したものをもって、この街の役に立ちたいという気持ちでいっぱいなのです。

札幌と、そしてこの街に住む若者がもっと幸せに、自分の道を強く進むためにこの本を書きました。ぜひ、ご一読の上、これからの人生をどうするのか、そして私たちの街をどうするか、考えるヒントにしてみてください。私の人生がそうであったように、たとえ逆境に立たされようとも、ちょっとの勇気、努力、好奇心で人生は大きく変わります。この本が皆さんの人生のよいキッカケになりますように。

２０１１年７月　書斎にて　常見陽平

第1章

内地コンプレックスをこえて視野を広げよう

第2章

働くということについて、今から考えておくべきこと

第3章

今、起きている変化を意識しよう

第4章

札幌の若者に、今取り組んでもらいたいこと

※なお、この本では、日本の本州を差す言葉として「内地」という表現を使っています。最近ではあまり使わない表現かと思いますが、私が札幌にいた70年代、80年代に普通に使われていた言葉として、あえてこのような表記にしています。

第１章

内地コンプレックスをこえて視野を広げよう

この章で言いたいことは、「視野を広げよう」ということです。札幌の若者は、気づけば内地コンプレックスになっていたり、閉鎖的になっていたりすることがよくあります。やや耳の痛い話が続くかも知れませんが、視野を広げると、今まで悩んでいたことがまるでウソのように解消されるはずです。内地から札幌をみて、感じることをお伝えしましょう。

その魚は釣れず、ヒーローは札幌を救わなかった

幼い頃の話をしましょう。まさに札幌と内地の違いについて気づいた瞬間です。

私は幼稚園から中学校にかけて、釣りが大好きでした。よく、実家の近くにある十五島公園や近所の小川に釣りに出かけたものです。週末は親戚が札幌近郊に釣りに連れて行ってくれました。

札幌は、小学生でも少し歩けば豊平川などで釣りを楽しむことができます。ウグイやニジマス、フナなどを釣りに出かけることは、幼少期の私が楽しみにしていたことでした。このような、子供の遊びとしての釣りだけでなく、大人の趣味としての釣りをする場所としても札幌は大変に魅力的な場所です。少しクルマを走らせれば、釣りスポットが多数あります。それこそ、チップ（サクラマス）、イトウなど北海道ならではの魚も釣れるわけです。

この釣りこそが、札幌と内地の違いについて気づいた、原体験だったのです。釣りについてもっと知りたい、もっと上達したいと思った私は、母におねだりをし、子供向けの

「釣り大百科」のような本を買ってもらったのでした。小学校1年生くらいの頃だったと思います。自宅で夢中になって読んだことを覚えています。その本には、私がまだ知らない、釣りの世界が広がっていましたし、奥の深さに驚いたのでした。練り餌を使った釣り、ルアーやフライなどの疑似餌を使った釣り、船に乗ってする釣りなど、私が知らない釣りが多数ありました。

その中でも、強烈に興味を持ったのはブラックバスやライギョをルアーで釣るということです。まず、こんなにワイルドなルックスの魚が世の中に存在するという事実が衝撃的でした。さらに、スプーン、プラグ、スピナーなど種類も豊富で、カラフルなルアーで魚が釣れることにも驚きました。そして、1日に何度も竿を振ってルアーを投げ、リールを巻き、釣れたときは魚と駆け引きしつつ、網でキャッチする。さらに、釣った魚は写真を撮って、放すという「キャッチ&リリース」という考え方。子供心にスタイリッシュで、スポーティーだと思ったものです。

茶の間にいた祖母に話しかけました。

「ルアーフィッシングをやりたい。ブラックバスやライギョを釣りたい」

すると、祖母からの返事はこうでした。

「陽平、その魚は内地にしかいないのよ……」

なるほど。たしかに、その本をよく読むと、ブラックバスやライギョは札幌では少なくとも当時は生息していませんでした。その後、祖母はこう言いました。

「陽平、この本は内地のことを中心に書いているのよ」

この一言で、私は気づきました。

「そうか……。内地とは、違うのか。世の中は、内地中心に動いているのか」

もちろん、気候も違うわけですし、読者も出版社も多くは内地にいるのです。本の内容も最大公約数的なものになるのはしょうがないことでしょう。

ただ、「自分たちは違うのか」ということに気づき、やや寂しい気分になりました。

幼少期の体験で言うならば、もうひとつ、強烈な体験があります。当時の小学生の多くは、小学館の『小学1年生』など「学年誌」と呼ばれるものを購読していました。勉強をはじめ学校生活のことも載っていましたが、テレビ番組や、アイドルやスポーツ選手のこと、当時流行っていたファミコンやラジコンなども掲載されていました。

中でも小学校低学年の頃は、ここに掲載されているテレビ番組の特集が大好きでした。私が札幌で育って良かったなと思うことのひとつは、特撮やアニメの再放送がかなり多かったことです。特に『ウルトラマン』『仮面ライダー』シリーズや、『タイガーマスク』『巨人の星』など、すでに初回放送から10数年経っていた作品も、何度も楽しむことができました。当時の私はウルトラマンシリーズにハマっていて、『ウルトラマン大百科』のような本に載っているウルトラマンと怪獣を全部覚えていたものです。

私が観ていたウルトラマンは再放送もの中心でした。1980年頃に放送されていた『ウルトラマン80』が、幼少期に唯一リアルタイムで観たウルトラマンでした。小学校の先生がウルトラマンに変身するストーリーだったと思います。番組の放送が終了した後、前述した小学館の学年誌で、続きのウルトラマンシリーズは『アンドロメロス』という作品だということを知りました。ウルトラマンシリーズの中では外伝的な作品であり、異色作と言われています。ただ、そんなことはどうでもよく、とにかく当時の私はこの作品を見たい気持ちでいっぱいでした。

毎日のように、道新（北海道新聞）のテレビ欄をチェックし、「何曜日のどの時間帯に放送されているのだろう?」と目を皿のようにして探していました。でも、何度探しても見つかりません。そう、その番組は札幌では放送されていなかったのでした。そうか、特撮ヒーローですら内地と札幌とは違うのか、札幌は救いにきてくれないのかと思った瞬間でした。もちろん、地方では放送されない番組があるのは当たり前の話ですし、中にはテレビ局の数がNHKと数局程度しかない県だってあるわけですが。他にも、特に小学館の学年誌などを読んでいると、内地との違いを感じた瞬間はよくあったものです。友人宅で、みんなで学年誌に載っていた話で盛り上がっていたところ、友人の親御さんが「それは、内地のことを書いたものだからね」と言ったことが忘れられません。

「自分たちは内地とは違う」という感覚は、以前ほどではないにしろ、津軽海峡で内地と分断されている道民が常に持ち続けている意識ではないでしょうか。そして、この意識はコンプレックスにも、開き直りにも、時には優越感にもつながることがあります。道民、札幌市民はこの「内地とは違う」という感情により向き合い、考えるべきではないでしょうか。これが、私の問題意識です。

大ヒットドラマ『北の国から』が描く世界の本質

『北の国から』シリーズをご存知でしょうか？　ひょっとすると10代の方、20代の方には知らない方もいるかも知れませんね。たぶん、さだまさしさんが歌う主題歌を聞いたことはあるでしょう。富良野市を舞台に、1981年から2002年にかけてフジテレビ系で放送されたドラマです。脚本は倉本聰さん、主演は田中邦衛さんです。東京から北海道の富良野市に移った家族の、大自然の中での人間ドラマです。連続ドラマで人気に火がつき、その後もスペシャル番組が何度も作られました。道内での視聴率は40％をこえることもありました。このドラマにより、富良野市の名前は全国区となり、観光地としての知名度は飛躍的に上がりました。

実は私は、2002年、28歳になるまで『北の国から』を観たことがなかったのです。中高生の頃は、このドラマを観ていなかったために、放送があった翌日には会話の輪に入れなかったことを覚えています。ちょうど名古屋に転勤した際に、たまたま出会った名古屋大学の教授に「この作品だけは観るべき」とすすめられ観たところ、夢中になりました。毎晩3時まで観て、あっという間に全巻制覇した後、ちょうどドラマ版最終話という触れ込みの『北の国から2002　遺言』が放送されたのでした。

シリーズ全作品を観て、28歳までこの作品を観なかったことを後悔しつつ、このドラマが北海道民にとってなぜ人気があるのか理由が分かりました。よく、この番組の紹介文では、「北海道の雄大な大自然の中での、親子の心の触れ合いと、成長の物語」とありますが良い部分も悪い部分も含め、北海道の現実を、痛いほどに赤裸々に描いているから人気があるのではないでしょうか。特に北海道の悪い部分である「内地コンプレックス」と「閉鎖的な社会」を描いている部分を私は支持しています。もちろん、不器用な生き方を描いている点も高く評価しているのですが。

この作品はなぜ、こんなにリアルなのでしょうか？　これは脚本家である倉本聰さんの取材力、そして一切の妥協を排除した撮影、そして登場人物にあると言われています。

倉本聰さんはこの脚本を書き上げる際に、かなりの長期間にわたって道内を取材したといいます。富良野駅の近くにある「北の国から」資料館に行ったことがありますが、展示を見て、徹底した取材により、田中邦衛が演じる五郎さんを始めとする登場人物は、ドラマには登場しないシーンも含めて、北海道の田舎でよくある出来事、よくいる人の要素を絶妙に取り入れて作り上げられていることがよくわかりました。

撮影も、猛吹雪の中など過酷な環境で行われます。それこそ、イメージしていたシーンに相応しい猛吹雪でなければ撮影が延期になったりするわけです。『北の国から2002遺言』が放送された時は、メイキングシーンを紹介する特番が放送されたのですが、妥協を許さない撮影に感激しました。このシリーズが終了した理由のひとつは番組スタッフの高齢化だとも言われています。長期間にわたって、大自然の中で撮影するのは過酷そのものですからね。

登場人物を最初の放送からずっと同じ人が演じているというのもポイントでしょう。特に、田中邦衛が演じる五郎さんの子供、純（吉岡秀隆）、蛍（中嶋朋子）がそれぞれ幼い頃から同じ役者が演じ、そのまま成長していくのは、日本の他のドラマではなかなか実現しない展開です。あんなに小さかった純が思春期をむかえて異性のことが気になる、蛍が医者と不倫をするなど、人間としての成長と人生のドラマをうまくリンクさせていて、なんともリアルです。

前述した「内地コンプレックス」や「閉鎖的な社会」は、富良野という町や、東京との対比において痛いほど描かれています。私は札幌市南区で育ったのですが、このドラマを観て、人間関係や会話の内容から、空気感まで何から何まで似ていてびっくりしました。内地に対する羨望と、無関心が両方渦巻きつつ、いつも変わらない日常がありました。「北海道の人は開放的」とよく言われますが、それは観光客に対してであって、人間関係は実に閉鎖的だと感じてきました。よく言えば「仲が良い」のですが、悪く言うと「群れる」わけです。

さらに、当時はまだ地域のつながりが強く、噂があっという間に広がる環境でした。「〇〇さんの息子が、暴走族に入った」「〇〇さんの娘は夜の仕事をしているらしい」という噂が広まるわけです。2010年頃からNHKで『無縁社会』という特番が始まりました。一人暮らし高齢者の孤独死、30代独身で都会の一人暮らしをしながら働く派遣社員など、現代の孤独を描いたシリーズとして話題になりました。たしかに、「無縁社会」は現代の問題なのですが、逆に「有縁社会」があったとしたら、果たしてそれは幸せなのでしょうか？　もちろん、無縁の反対が有縁というわけでもないのですが。無縁社会化した背景の問題は、働き方、家族のあり方、都市部への一局集中など様々な文脈で説明されますが、このコンプレックスに満ちた価値観と、閉鎖的な人間関係に対する反動という部分も大きいと思います。これは、私が内地に出ようと思った理由のひとつでもあります。

『北の国から』は北海道の本質を実に赤裸々に描いています。「懐かしいドラマだ」で終わらせずに、いまこそこの作品を観直してみて、北海道や札幌の体質の何が問題かを考えてみてはいかがでしょうか？

女子大生100人の就活志望先にみる視野の狭さ

この本で最も言いたいことのひとつは「札幌の若者の皆さん、視野を広げてください」です。別に上から目線で言うつもりではありませんが、価値観や視点が、恐ろしいくらいに画一的だと感じた体験を共有しましょう。

私は毎年、札幌のある大学で、就職活動をする女子大生のための模擬面接を担当しています。数日間で100人くらいを面接するのですが、ここで驚いたのは、学生生活における体験がきわめて似通っていることです。

「学生生活に力を入れたこと（就活用語で、ガクチカと言います）」を聞くと、だいたい7割が「アルバイト」と答えます。では、どんなアルバイトをしたかというと、「飲食店のホール」という方がだいたい9割くらいですね。そこでお客様にいかに笑顔で接客したか、何かトラブルがあった際に臨機応変に対応したか、結果としてどれだけコミュニケーション能力を磨いたか、みたいな話をするわけです。数日間、面接を続けて日本の就活とは「飲食店でのアルバイトで、いかにお客様の気持ちを理解して行動したのか」をリアルに表現して、自慢する場だったのかとさえ思ってしまいました。

さらに、彼女たちの当初の職業選択はほとんど一緒です。志望先は北洋銀行、セイコーマート、柳月、サッポロドラッグストアー、ＪＴＢ北海道、ＡＮＡのＣＡ職のいずれかです。この大学から採用する可能性のある企業は道内外にもっともっとあるはずです。

もちろん、気持ちはよく分かります。日本の就活生は、眼の前にある大企業や人気企業しか知りません。変な日本語ですが、「知っている企業」しか知らないのです。２００８年秋のリーマンショックを境に就職難が顕著となり、「新・就職氷河期」という言葉も生まれました。東日本大震災やそれによる原発事故が起こるまでは、メディアは毎日のように就活問題を報じ、１００社を受けても内定が出ない悲惨な状態や、就活の早期化・長期化について問題提起していました。

この就職難の問題ですが、経済要因と構造要因の2つに分けて論じるべきです。経済要因とはまさに景気に連動して雇用が増減することによるものです。この問題ももちろんあるのですが、実は構造的問題の方が大きいです。企業がターゲットとする学生は限られています。一方、多くの学生は誰でも権利があると思っていて、知っている人気企業、大企業中心に受けます。中堅・中小企業には求人があるのに、そちらに眼が向きません。無理もないことです。中堅・中小企業と出会う手段がなかなかないわけですから。最近は、たしかに中堅・中小企業志望の学生が増えていますが、メディアにそう言わされているとも言えます。「優れた中堅・中小企業に行きたいです」と言うのですが、「そこってどこ?」と聞いたらたいてい答えられずに硬直してしまうのです。

人気企業からひと通り受け、何度も落ちることにより、分相応な企業に入社するというのが、毎年、私が目にする光景です。日本の大学生は現在、入学の時点で1学年60万人くらいいます。就活をする学生はだいたい45万人だと言われています。そのうち、人気企業ランキング100位以内に入る企業の求人は2万人くらいです。さらに、大企業に行ける人は不況期で約4万人、好況期で10万人くらいです。毎年、25万人~30万人は中堅・中小企業に就職するのが日本の現実です。そもそも、大企業と呼ばれる企業は日本にある企業のうち、1%程度にすぎないのです。

間違いなく北海道にもキラリと光る中堅・中小企業はあるのです。これらの企業が学生に注目されていないのは実に悲しい問題です。もちろん、北海道の中堅・中小企業がその独自性、優位性を磨いているかどうかというと別問題ですが。

話が前後しますが、札幌の大学生の体験が画一化していると感じられるのは悲しいことです。これだけ、よく学び、よく遊べる環境はないはずです。ただ、気づけば大学の講義やゼミと、飲食のアルバイトで4年間が終わっていく方だらけです。なぜ、皆さん、自分の色を磨かないのでしょう？　もちろん、就活のマニュアル化や、「内定が欲しい」という想いから、気づいたらいい子ぶっているのかもしれません。でも、自分の可能性に蓋をしてしまうのは実に勿体無いことです。ここにも「視野が狭い」ことが見受けられます。自分の色を磨く勇気、主張する勇気を持ちたいところです。

札幌エリートは安泰か？

東日本大震災と、原発事故という未曾有の事態において、政治家や官僚、東京電力の対応を見ると、エリートと呼ばれる人たちは、想定外のことが多発する非常時において、実に役に立たないのかを感じた方も多いことでしょう。政治家、官僚、大企業の社員……。これらの方々は東大出身者だらけです。元々東大は、国家を担うエリートを輩出するために作られた大学ではあるのですが、特に外務省、財務省、経産省などは東大出身者、しかも法学部卒の人材が多くを占めています。大企業でも、学閥が強く、東大法学部でなければ社長になれないという企業はいまだに存在します。

東大生とはどんな人でしょうか？　もちろん、一言では言えません。ただ、いくつかのタイプに分けられるのではないかと思っています。大胆に分けるならば、まず入試問題への立ち向かい方で分かれます。ひとつはすべての問題を解こうとし、実際、ほとんど解けてしまう天才、神童タイプです。札幌南高校の同級生にいた東大志望者も、社会に出てから出会った東大出身者にもたしかにこのタイプはいました。

もうひとつは、東大の入試問題のうち8割を占めると言われている、頑張って考えればなんとか解ける問題を落とさないようにするタイプです。減点評価に強いタイプとも言えますね。

ちなみに、大ヒットした漫画『ドラゴン桜』（三田紀房　講談社）は元々、担当編集者の佐渡島さんがポロリと言った「東大に入るのは実は簡単なんですよ」という一言から始まったと言われています。関西屈指の名門校、灘高から東大に進んだ彼によると、日本の難関大学で唯一、東大だけはすべての問題が教科書で得られる知識とその応用で対応可能なのだそうです。『ドラゴン桜』には、彼のノウハウや経験がかなり反映されていると言われています。

やや話はずれましたが、東大の入試の実態はそれ自体、ミスをしない「減点法対策エリート」を作り出しているのではないかと言われています。

では、道内から北海道大学（以下、北大）に進んだ「札幌エリート」たちについて考えてみましょう。北大は東大、京大、阪大、名大、東北大、九大と並び、旧七帝大のひとつとしてくくられます。新卒採用の現場にいると、企業の人事担当者からの北大の評価は道内の大学ではトップであることはもちろん、早稲田、慶応といった私学の名門校にも負けていません。特に理系の評価は高く、学科にもよりますが、日本の大手メーカーは北大の理系を採用することに躍起になっています。思えば、南高の同級生で北大の理系に進んだ人たちは日本を代表する大手メーカーからどんどん内定が出て、そちらの道に進んでいきました。

ところで、北大を始め、旧帝大が評価される理由は何故でしょうか？　伝統、校風などもありますが、「ちゃんと勉強していること（させられていること）」が大きな理由だと言えそうです。私大などはいまや約50％が推薦・AO入試で入学しています。受験勉強を経験していないことから、基礎学力に対する不安や、競争やストレスに慣れていないことから敬遠される部分は正直あります。旧帝大は推薦・AOの枠は少なく、受験科目が多いことにより、大学への入口の部分での質が保証されていると認識されています。さらに、入学してからも勉強させられることも大きな特徴です。もちろん、道内大手企業を中心に北大生を採り続けており、いちいち説明する理由がないほど、北大生への評価が定着しているとも言えます。実際、北大生を面談してみると、実によく勉強していて、学生生活が充実していて、性格は素朴だと感じます。週末に北大のキャンパスを散歩してみてください。工学部の建物などの前を通ると、週末なのにも関わらず勉強に没頭している学生の姿を覗くことができます。

大手の内定を総なめにする学生は、北海道一周旅行などをしつつ、研究室に泊まりこんで勉強するなど、青春を謳歌しています。

札幌のある高校で聞いたところ、親の収入が減っていることから、これまで内地の有名大学に進めるレベルの学生が北大に進んでいるとのこと。これは全国的な傾向なのですが、女子学生は親が「一人暮らしをさせたくない」と考えるため、やはりかなりの優秀層が北大に進学していると言えるでしょう。そして道外に進学しようとする場合は、親から「北大以上の大学に行ってくれ」と言われることも原因だと言えそうです。

ただ、これは私が内地に行くことを決意した理由でもあるのですが、札南→北大→道内の大企業というルートは、とてもモノカルチャーで多様性がないと感じています。これらのルートを進む人は札幌市内ではエリートと言われてきました。若者も親も保守化が進み、安定した道を歩みたい、歩ませたいと考えています。ただ、果たしてそこから変化など生まれるでしょうか。

私が高校生から大学生の頃の札幌エリートの人気就職先ベスト5と言えば、北海道電力、北海道拓殖銀行（たくぎん）、ホクレン、雪印、丸井今井などでした。実にこのうち3社が傾いているという事実に注目したいところです。長銀やＪＡＬ、東京電力に代表されるように、大企業に入ったからと言って、人生が約束される時代ではありません。ルールが劇的に変わる世の中です。ある意味、カワイソウな後出しジャンケン社会であるとも言えます。ただ、そんな時代だからこそ、今後の変化を読み取った進路選択が必要になると言えるでしょう。

札幌エリートは、気付けばお山の大将になっていたということもよくある話です。まさに、内地に出て、帰省して、地元の友人たちと会って感じたのは札幌エリートたちの視野の狭さでした。別に北大に行くなと言っているわけではありません。ただ、札幌のエリート序列で優位に立ったところで、何も偉くないことに早く気づいてください。

札幌時間という田舎時間

田舎時間という言葉があります。田舎はとにかくゆっくりと時間が流れる上、時間にルーズという意味です。私は以前、リクルートの『じゃらんnet』という宿泊予約サイトの営業企画担当をしていました。宿泊施設向けにインターネットを活用した集客力強化セミナーを開催し、全国のべ73箇所の観光地で実施しました。当時は、始発の電車を乗り継いで観光地に行き、宿の社長や社員を前に講演をするという日々を送りました。その際に、まさに田舎時間を感じました。地方に行くと、セミナー開始の時間になっても参加者がなかなか集まらないのです。長野県の山奥にある観光地に行った際などはセミナー開始時間になっても参加者はほぼ集まっておらず、地元の宿の集まりで責任者をしている人が途中からやってくる人たちを優しく叱り出す始末。僭越ながら、この人たちに客商売は無理なのではないかと思ってしまいました。

そして、この田舎時間は札幌にも当てはまるのではないでしょうか。観光客にとっては、時間がゆっくり流れていることが魅力的だという声があります。札幌出身者にとっても、帰省した際には、都会とは違うゆっくりと流れる時間が極めて魅力的であり、癒されるものです。ただし、これが、ビジネスの場として考えたらどうでしょうか。ましてや、取引先として考えたら、どうでしょう。この、のんびりした時間というのは、ビジネスをする上ではあり得ない時間とも言えます。

ゆっくりしているといえば、札幌の企業と仕事をしていると、単に待ち合わせに遅れるなどそういう問題ではなく、物事の意思決定や実行のスピードが遅いと感じることがよくあります。現代はスピードの時代です。トヨタには遅巧拙速という言葉があります。遅くて巧いことよりも、拙くても速い方が価値をうむのです。

その考え方は、ウェブの世界においても顕著です。皆さんもベータ版という言葉を聞いたことがあるかと思います。ベータ版とは、正式な製品版になる前のものです。ほぼ完成に近いものの、まだテストなどが完全には終っていない状態です。いち早くリリースし、実際に使ってもらうことにより、ユーザーに早く価値を提供するとともに、テストまでやってしまうわけです。Googleなど、アメリカのネット企業が競争優位を保てるのは、常にベータ版をリリースし続けるからだと言われています。

楽天のオフィスに行った際に、壁に「スピード!!　スピード!!　スピード!!」という言葉を見かけました。スピードは間違いなく、価値を生むわけです。これだけスピードが求められている時代の中、普段のビジネスにおいて、それにこだわらないのは罪です。2倍、3倍といった画期的なスピードアップは抜本的にプロセスを見直さなくてはなりませんが、1.2倍~1.5倍は気合と根性で可能なレベルであり、それくらいのスピードを実現できて、やっと日本標準くらいだと思います。

気付けば田舎時間、札幌時間に慣れてしまっていないか？　セルフチェックしてみてください。

自責と他責
北海道企業に営業をかけてみたけれども

新卒で入社した企業はリクルートでした。今は大企業、人材輩出企業と言われるこの企業ですが、当時は戦後最大の政治スキャンダルと言われたリクルート事件から10年も経っていませんでしたし、金融事業や不動産事業の失敗などから借金が約1兆円ありました。普通に考えるとそんな企業に入社するのはどうかと思うのですが、この企業は世の中を変えるかもしれない、この人たちと一緒に働きたい、ここなら20代のうちに最高に成長できると思い、入社しました。

私が内定したころは、札幌でも『北海道じゃらん』が売れ出した頃ですし、リクルート事件はテレビで毎日のように報道されていたので、知名度はそれなりにあると思っていたのですが、親戚にはヤクルトに入るものだと勘違いされました。

配属先は通信事業の営業部門でした。入社2年目になって、北海道担当を兼務しました。リクルートにはアスティ45に北海道支社があり、通信事業の営業所はなく、月に1

回、1泊2日でやってきて集中して営業したものでした。こう言うと、不謹慎ですが、最初は経費で札幌に毎月帰ることができるので、感激したものです。

当時はちょうど、北海道拓殖銀行（たくぎん）が経営破綻したばかりでした。高校の同級生にも、たくぎんに就職した人が多数おりましたし、親戚にも勤めていた人がいたので、その深刻さは理解していたつもりでした。そういえば、同級生には親がたくぎんという人も多数いました。たくぎんは、当時は北海道電力、ホクレンなどと並び、北海道を代表する企業であり、北大を出てこれらの企業に就職する人はエリートだと捉えられていました。しかし、顧客企業に訪問し、その深刻さを再確認しました。経済的影響だけでなく、心理的影響も甚大だったわけです。「たくぎんさんがつぶれたから……」という話ばかりを聞く日々で、その影響を噛み締めていました。

一方、北海道企業を担当して「これでいいのか？」と思う瞬間があったことも事実です。少し時間が経ってからも出てくる言葉は「たくぎんさんがつぶれたから……」ばかり。気持ちはよく分かりますが、外部環境の変化があったら、それに対応して柔軟に変化することが企業に求められることです。たくぎんの経営破綻が道内にもたらした影響の大きさを再認識するとともに、「そろそろ、たくぎんのせいにするのはどうだろうか」と思ったものです。

「自責」と「他責」という言葉があります。非常に簡単に言うならば、自分のせいにするか、他人のせいにするかということです。経済評論家の勝間和代さんも2010年夏に発売した『不幸になる生き方』(集英社新書)で提示していましたが、成長できるか、成功できるか、幸せになれるかどうかに、「自責」ということは極めて強く影響します。そして、何でも人のせいにする「他責」は、その瞬間は気が楽になるかもしれませんが、結局、いつまで経っても問題は解決できないのです。

たくぎんの経営破綻に限らず、世の中には個人の力ではなんともできない大問題というのは起こるものです。2011年3月11日に発生した東日本大震災などはまさにそうです。マグニチュード9.0の大地震だけでなく、大津波、原発事故という究極的事態のもとでは、我々はどうすることもできないということを学びました。

しかし、もう起きてしまったことは変わりません。厳しい環境のもとで、「では、どうすればいいのだろう?」と考えるのが人間なのです。「悲観主義者はチャンスの中にピンチを見るが、楽観主義者はピンチの中にチャンスを見る」（チャーチル）「運命は我々に幸福も不幸も与えない。ただその素材と種子を提供するだけだ」（モンテスキュー）「行動が必ずしも幸福をもたらすとは限らないが、行動のないところに幸福はない」（ディズレーリ）。これらの名言にある究極的な事態の環境においても、「では、どうすればいいのか？」と考え、行動に落とすのが人間のあるべき姿です。「たくぎんさんがつぶれたから……」というのはもっともらしい説明ではあるのですが、「たくぎんさんはもういいので、あなたはどう考えますか？」と言いたくなったことが何度もありました。

同じように、北海道企業の残念なところは、すぐに「ネガティブキャンペーン」を実施することです。「ネガティブキャンペーン」とは、自分の企業や商品を売りこむために公の場であれ、そうでない場であれ、競合企業の批判をすることによって、相手に競り勝とうとすることです。ビジネスの場面で「あそこは高いですよ」「あそこの社長は、内地のことばかり考えて、北海道のことは考えていません」などの言葉を聞くものです。「比較」することは自社の独自性・優位性を明らかにすることです。比較広告という手法も、日本でも増えてはきましたが、米国では以前からごく普通に使われていました。ただ、競合の「批判」は、いつの間にか、自分たちの価値を下げているということに気づくべきです。批判する前に、顧客が納得する価値を創造するべきなのです。

そして、「競争」から「共創」へ、時代はシフトしています。つまり、競い合い、蹴落し合っていてはダメで、一緒に市場を広げていくという発想が必要なのです。

札幌に私の行きつけの天ぷら店で「こばし」という店があります。元々は店長の妹さんと私が古くからの友人であることからお邪魔するようになったのです。こじんまりとしたお店で、旬の天ぷらを落ち着いた雰囲気で楽しむことができます。店長の小橋さんに、ふと意地悪な質問をしてみました。内地には「てんや」を始めとする、500円前後で天丼を食べることができる天ぷらチェーンがあります。吉野家やマクドナルドの天ぷら版だと思ってください。このような、安く天ぷらを楽しめる店が札幌に進出したらどうなるのか、ということを聞いてみました。すると、小橋さんはこう答えました。「むしろ、それは嬉しいことですよ。札幌の天ぷら市場がより拡大するはず」つまり、「てんや」に行って外で食べる天ぷらの美味しさに気づいた人たちが、「もっと美味しい天ぷらも食べてみたい」と思い、足を運ぶようになるという見立てです。なるほど、そういうことですか。

ちなみに、札幌には天ぷら専門店の数はまだまだ多くはなく、ましてや地場のお店は少ないとのこと。まさに、競争ではなく、共創によってマーケットが広がるのではないかということです。

出版業界においてもそうです。ある著者が、同じ年に2つの出版社で本を出したとすると、その2社で合同の注文票やPOPやポスターなどの販促物を作って、一緒に注文を取り、一緒に売り場を作って盛り上げるという、そういう時代が既にきています。

ややずれますが、もうひとつだけ事例をご紹介しましょう。それは、自社ブランドだけでなく、地域ブランドに責任を持つということです。リクルートに勤めていた頃、最後に担当したのは宿泊予約サイトのじゃらんnetでした。営業企画を担当し、前述したとおり全国の観光地を周り、ネットを活用した集客のポイントについてセミナーを開催しました。

その時印象に残ったのが、各エリアで観光業に関わる人達は、自分たちの宿だけでなく、そのエリア全体の評判を気にしていることでした。九州のある有名観光地にお邪魔したときのことです。その観光地の宿の皆さんは、非常に勉強熱心で、セミナー終了後も質問がいっぱいだったことを覚えています。参加した宿の方が、同行した営業担当にこう言いました。「これから、〇〇旅館の女将に謝りに行かなくちゃならないんだ」どうやら、その宿でちょっとしたミスがあり、宿泊者に迷惑をかけてしまったのだそうです。あくまでもその宿でのトラブルなのに、なぜ謝りに行かなくてはならないのでしょうか。それは、ひとつの宿のミスにより、そのエリアの評判が落ちてしまうからなのです。皆さんも、ある観光地に行って、泊まった宿や、寄ったお店がイマイチだった場合、友人にどう伝えるでしょう。「常見旅館って最低だな」とは言わないはずです。「〇〇っていうエリアの宿はイマイチだった」と言うはずです。よっぽど有名な宿で無い限り、批判の対象はその宿ではなく、エリアに向くのです。この例から言うならば、私達もみんなで札幌ブランドの信頼性アップに取り組むべきだと考えています。

時代は競争だけではなく共創です。そして、ネガティブキャンペーンに走っている場合ではありません。自分はどうするか、自分の会社をどうするか、そして自分のエリアをどうするかという発想を誰もが持たなければならないのです。

「札幌にはいい男がいない……」のはなぜか？

以前、私の講演会に来て頂いた30代の独身女性記者とカフェで情報交換会をしていたときに、こんな話題になりました。

「常見さん、札幌にはいい男がいないんです……」

この記者の婚活相談か？　と思いましたが、違いました。結婚の対象となる男性が、札幌から構造的にいなくなっているのではないかということに気づいたのです。

『「婚活」時代』（山田昌弘・白河桃子　ディスカヴァー・トゥエンティワン）はベストセラーになり、「婚活」という言葉はブームになりました。学生の「就活」も大変ですが、「婚活」も大問題です。年齢別未婚率の推移は右肩上がりになっており、２００５年には男性の30～34歳においては47・１％、女性の同年齢においては32・０％が未婚です。結婚年齢が遅くなる晩婚化、結婚したくてもできない非婚化が並行して進んでいます。いまや、結婚や恋愛は「嗜好品」であるという声すらあります。

そもそも何故、婚活が必要な世の中なのでしょう？　経済環境の変化により賃金の男女格差が縮小するとともに、男性の中での賃金格差が拡大して低収入の男性が増大し、女性の望む経済力がなくて結婚できない男性が増大したこと、男性は稼ぐ人で女性は家事をする人という旧来の男女の役割が多様化し、家庭の方針についても意見の対立があり、役割分担と趣味まで合う人に出会うことが難しくなったこと、以前よりも交際の機会が増え、恋愛の格差が広がり、モテる男性への一極集中と女性の高すぎる要求水準によるミスマッチなどが課題となっています。詳しくは前出の『「婚活」時代』を参照してください。

「婚活」という言葉は、誤解され、茶化され、揶揄されました。しかし、これは我が国の少子化につながる根深い問題なのです。10代のみなさんはびっくりするかもしれませんが、今の日本は、普通の女性が仕事と結婚に夢と希望を持てない状態になっているのです。

札幌の場合、「いい男の道外への流出」が大きいと私はみています。これは地方の共通した課題と言えるでしょう。トップクラスの進学校の場合、4割の生徒が道外の大学に出ます。さらに、北大に代表される道内のトップクラスの大学の場合、就職先はやはり道外の企業が多数を占めます。結果として、優秀層と言われる人たちが構造的に道外に出て行く状態になっています。気づけば、優秀で年収が高い男性は道内には医者や弁護士などか、公務員か、一部の大手企業の支店勤務者しかいない状態になってしまうのです。

ややや誤解を生みそうなのでフォローさせて頂くと、別に年収が高い男＝いい男と言うわけではありませんし、給与水準に関しても各環境の中で相対的なものではあります。ただ、進学したいと思う高等教育機関があるかどうか、有力企業があるかどうかというのは、地元に優秀な人材が残るかどうかの大きなポイントなのです。

また、最終章で述べますが、都市部で高度な教育を受け、大企業で経験を積んだ人たちがUターン・Iターンしてくるためには、そこに彼らが納得する収入が得られる仕事が必要なのです。

「いい男がいない」

ここに潜む構造的な問題に注目したいところです。

私が内地に出た理由

私は札幌が大好きでした。大好きで大好きでしょうがなかったのです。今も好きです。そんな私がなぜ、内地に出たのでしょうか。ここで、私の歩みをご紹介しつつ、その理由を説明しましょう。

私の実家は札幌市の南区にあります。私は宮城県仙台市で生まれ、すぐに札幌に移り、ここでほぼ18年間育ちました。私の実家のあたりは、山に囲まれている上、豊平川が流れており、自然がいっぱいありました。それこそ『ドラえもん』に出てくるような裏山もありましたし、川で釣りをしたり、ドジョウすくいをすることだってできました。実家から徒歩20分の場所にはスキー場や自然公園がありました。当時は当たり前だと思っていましたが、このような自然に恵まれた環境で育つことができたことは、私の人生においてラッキーなことでした。というのも、このような環境は札幌においても都心では味わえないことですし、ましてや東京ではなかなか体験できないことです。スキーをすること、そり遊びをすることもごく当たり前のことでした。

当時から新聞や本、テレビを見るのが好きで、将来は新聞記者か作家になりたいと思っていました。幼稚園の七夕の短冊に「しょうらいはほんをかきたい」という趣旨のことを書いたような気がします。

中学校に入学した途端、私が戸惑ったのは制服でした。幼稚園でかっぽう着を着た瞬間、脱ぎたくなったのですが、中学校の制服も同様でした。とにかく、画一化したことが大嫌いだったのです。その時、札幌に制服がなくても通える高校があることを知りました。札幌南高校、通称「南高」でした。同時に、南高は札幌で最も難しい高校のひとつでした。試験での点数はもちろん、内申点と言われる、普段の成績も重要です。ほとんど5か4でなければ、受験する資格もなくなるわけです。しかし、どうしても私服の高校、自由な高校である南高に行きたいと思い、珍しく、勉強を頑張るようになりました。毎日、必死に物狂いで予習、復習をしました。気づけば、成績は学年で必ずベスト5に入っていました。

一方、友人と一緒に入った男子バレー部は、かなりハードな練習で、上下関係がかなり厳しく、またしても、集団生活が苦手な自分は苦労します。

そんな私の心の糧となったのは、小学校時代から聴き始めたロックでした。お小遣いの許す限り、音楽のCDを買ったり、借りたり、音楽番組を聴くようになったのです。特に私が大好きだったのは、日本を代表するヘビーメタルバンド、LOUDNESSでした。彼らは日本人のバンドで初めてマディソン・スクエア・ガーデンのステージに立ち、しかもビルボード誌でトップ100入りしたのでした。コープさっぽろの書籍売り場で、いつも彼らのインタビュー記事を読み、プロ意識に感動しました。彼らは凄まじいまでに、楽曲作りと演奏にこだわっていて、世界レベルを目指した、高い視点を持っていました。ボーカルの二井原実さんの書いた自伝『ロックン・ロール・ジプシー』（JICC出版局　現・宝島社）を読み、彼らが全米をツアーする様子を読み、さらに北海道厚生年金会館（当時）で中学校2年の夏にライブを観てますます虜になりました。彼らの発言から、世界を目指そう、成長しようという欲が湧き、この頃からまずは内地に出ようという気持ちが自分の中で高まってきたのでした。ここじゃないどこかへ行きたい。もっと大きく、もっと高く、自分は羽ばたきたいと思ったのです。

制服を早く脱ぎたいと思ったり、部活動での厳しい上下関係などに悩みつつも、充実した中学校生活は終わり、念願の南高にも無事合格し、新しい生活が始まりました。

憧れの南高進学は自分にとっては夢のような出来事でした。しかし、入学してすぐに、夢は打ち砕かれます。いや、人間は少しずついろんなことを忘れるもので、普通に振り返るなら良い思い出だらけに感じるのですが、冷静に振り返るならば、苦いことだらけの3年間でした。青春というのはそういうものなのですが。

まず、高校に入学した瞬間に、所詮、私は田舎の優等生なのだということに気づきました。周りには、遊んでいる雰囲気を醸し出しつつも、勉強ができる人ばかりでした。自由な高校というのは残酷なもので、今まで気付かなかったことがどんどん可視化されていきます。世の中にはとんでもなく優秀な人がいるということ、さらには、金持ちの子供と言われる人たちがいるということに気づきました。勉強の内容も急に難しくなり、少し予習復習をサボるとあっという間についていけなくなり、気づけば劣等生になってしまいました。

そんな私は、音楽と読書に没頭する日々を送ります。中3から始めたベースを演奏しバンドを組んでみたり（決して上手ではありませんでしたが）、お小遣いの許すかぎり、C

Dを借りて聴き漁りました。授業中も寝るか、読書をするかという日々を送っていました。音楽と読書に感謝しているのは、世の中を多面的に見られるようになったことです。テレビや新聞が伝えることは決して真実だけではないことに気づき、自分の眼で本当のことを確かめること、自分の頭で考えることをしなければ、恐ろしいことになると気づいたのでした。

私服で通える環境になったものの、自由というのは楽ではなく、受験勉強という画一的な行動は、やはり自分を苦しめました。「こんなことをしていたらバカになる」そう思い、受験勉強はできるだけせず、最短距離で大学に行くことを考えました。受験勉強はしたくないのですが、大学での勉強はしたかったのです。

成績は決してよくないのに、自分は絶対、内地に出たいと思うようになりました。読書に明け暮れた中で、どうしても社会学を学びたいと考えました。そして、社会学を学ぶなら、一橋大学社会学部だと思ったのです。もちろん、日本でトップクラスの大学だということや、自分の成績では普通に考えると無理だろうということもよく分かっていました。

ただ、そのころの私は、読書と音楽を通じて、この海の向こうには大きな世界が広がっていること、そして、札幌の自由でありつつも、妙に閉鎖的で、実は保守的な部分に耐え切れない状態でした。全く私のことを知る人がいない空間で、自由を究めたかったのです。仕送りや奨学金に頼るとはいえ、自分で自分を支えて、一人で立ちたかったのです。

自分に残された時間を確認した上で、最短距離で合格するために猛勉強しました。その時、倫理・政治・経済の先生には論述式問題の添削をお願いしたのですが、先生と過ごした日々は実に宝物の日々でした。毎週、先生のいる部屋に行き、難しい文章を書き、アドバイスをもらうことを繰り返したわけですが、これは受験勉強の中で数少ない、意味のある時間だと感じたのでした。

努力の結果、私は無事に一橋大学社会学部に現役で合格することができました。夢に描いていた、内地に出るということを勝ち取ることが出来たのです。

結局、私は何故、内地に出たかったのでしょう？　もっと成長したい、日本の真ん中で世の中の本当を見てみたい、もっともっと視野を広げたい、そんな衝動だったと思っています。さらに言うならば、周りの人に感じた閉鎖的な視点、価値観に耐えられなくなったとも言えます。南高→北大→道内の大企業という札幌エリートにもなりたくなかったのです。この先もずっとじょうてつバスに乗って都心に通う日々にドキドキしなくなったのです。青春の閉塞感に耐えられなくなったのです。今思うと、「ここじゃないどこかに行きたい」という衝動以外の何ものでもなかったようにも思います。ある意味、そんな衝動を持てること、出て行く都会があることは地方在住の特権なのかもしれません。でも、きっと、このような理由でこの街を出て行く若者は、私の他にもたくさんいるのではないでしょうか。

内地で学び、働き、紆余曲折を経て気づいたこと

1993年3月下旬のある日、私は札幌駅のホームに立っていました。家族と親戚に見送られる中、夜行列車の北斗星に乗って私は内地へと向かったのでした。今思うと、航空券の格安料金でもあまり変わらなかったような気もしますが、何故か私は北斗星を選んだのでした。

上野の駅に降り、電車を乗り継いで進み、不動産屋で家のカギをもらい、アパートの部屋を開けた瞬間の感動を忘れられません。あぁ、ついに内地にやってきて、自由を手に入れたのだ、と。桜舞う国立《くにたち》の街で、入学式に参加し、新しい生活に期待で胸がいっぱいになりました。

ただ、大学もまた、期待通りの環境ではありませんでした。私にとってはやっとの思いで入学し、第一志望だった一橋大学ですが、周りは東大や慶応に落ちてすべりどめでやってきた人だらけ。講義中に隣の席に座った友人が、仮面浪人するからと言って東大の赤本を解いていたのには愕然としました。高校に入った時がそうだったように、大学には自分

よりもっと賢い人と、もっともっと金持ちな人がいました。1年生の時は面白いくらいに内向的で、積極的になれず、一方で講義をサボる勇気もわかず、悶々と過ごしていました。

ちなみに、私が内地に出たときに衝撃を受けたのは、ラーメンとホッケが不味かったことです。最初に住んだ東京都小平市にあるアパートのすぐ近くには、「札幌ラーメン」を名乗るラーメン屋がありました。期待して行ってみたところ、それは私が知っている札幌ラーメンとは程遠いものでした。麺は縮れておらず、スープも深みがないものでした。ふと気づきました。今となっては当たり前のことなのですが、ラーメンとは地域ごとの特色があるものだということを。そして、札幌ラーメンというブランドが悪用されていたことにもショックを受けました。はっきり言って、そのラーメンよりも、私が札幌のスーパーで買った西山製麺の麺と、ベル食品のスープで作った方が数倍美味いのにと思ったものです。ホッケにしてもそうで、上京して居酒屋などで食べるホッケは、脂がのっておらず、身も小さく、「これがホッケなのか?」と悲しい気分になりました。実家で食べる旬のホッケは、ガスコンロから火柱が立つほど、脂がのっていたのです。

やや話が横道にそれましたが、このままではいけないと思った私は、徹底的に行動の量を増やすことにこだわります。まず、1年生が終わる春休みに、毎日数本の映画を観ることに取り組みました。これだけたくさんの映画を観ることにより、人生の多様性に気づきました。そして、一人で映画を観る、この暗い部屋からでなくてはと思いました。

大学2年になり、自分に負荷をかけることを意識しました。ゼミナールに2つ入り、凄まじい量の課題を毎週こなしました。一方、サークルでも幹部になり、アルバイトの数も増やしました。多くのことを掛け持ちし、行動の量を増やすことで、考えも前向きになりました。気づけば周りの見る目も変わり、さらには前向きで優秀な友達が集まってきました。生涯の友と出会えたのもこの頃です。

そして、たまたま履修していた一般教養の講義で素晴らしい先生と出会いました。ハーバード大学でも教えていたことのあるこの先生は志や視点が明らかに違いました。その先生は商学部だったのですが、どうしてもこの人のもとで学びたいと思い、試験を受けて、商学部に転学部しました。社会学を学びたくて、一橋大学に入学したのに、その道をいとも簡単に捨ててしまったのでした。人生においては、こういうことはあるものです。

商学部では、前提となる知識が乏しい中、死に物狂いで勉強しました。その先生のゼミは、大学の中でも最も厳しいゼミのひとつでした。週に何日徹夜したでしょう。そして、サークルでも会長となり、まさによく学び、よく遊ぶ日々が続きました。

就職氷河期と言われた時期に就活をしましたが、その過程で「ここなら最大限に成長できる」「この会社は世の中を変えるかもしれない」と感じたリクルートに就職しました。リクルートでは、通信サービスの営業や企画、転職情報誌の編集部、トヨタ自動車との合弁会社立ち上げ、宿泊予約サイトじゃらんnetの営業企画などを担当しました。非常に熱い8年半を過ごしました。

そんな時に、この先何をやろうというものが社内で見えなくなったときに、玩具メーカーとの出会いがありました。そこには、自分が忘れていた「面白い社会人」の姿があったのです。入社試験を受け、玩具メーカーに転じ、採用担当者になりました。採用担当者の仕事は非常に面白かったです。全国の大学を周り、会社の説明をし、選考をするということに明け暮れました。そんな中、採用担当者としての経験を元に本を出さないかという話になり、念願の著者デビューを果たしました。だんだんやりたいことが会社の枠をこえていき、もっと大きな仕事をしたいと考え、現在の小さな人材コンサルティング会社に移ったのでした。順風満帆のようで、様々な紆余曲折を経ています。成果が出ずに悩んだこともあれば、頑張りすぎて体調を崩したこともあります。

かなり省きましたが、これが内地に出てからの私の人生です。さて、その過程で札幌に対する想いはどのように変化していったのでしょうか。正直なところ、札幌から上京して1ヶ月で、地元の友人と長電話しているときに、既に変化を感じていました。何か、話が噛み合わないような感じがしたのです。その頃読んだ、村上春樹の短編小説にも同じようなシーンがあり、妙に共感したことを覚えています。帰省したときにはますますそのことを感じました。自分が変わってしまったのでしょう。私の最も好きな映画『ニューシネマパラダイス』で、主人公が田舎から都会に出るシーンで「この街には幻しかない」と恩人に言われるシーンを思い出したものです。

私が変化した部分もあるかと思いますが、離れてみてむしろ札幌の真実が分かったような気がします。気持ちよく、楽しい日々が続いていたものの、実に世の中のことがよく分からない状態で、視野が狭かったと。そして、現状起きている問題に、あまり考えずに「仕方ない」「内地とは違うから」と処理してきたことを。さらには、世界が変化していることに無関心、無頓着でいられたことについて、なんて楽観的だったんだろうと反省しつつ、自分の無知が恥ずかしくなったものです。

最近、仕事で札幌に来る機会が増えました。札幌を出て今年で19年になるのですが、ぶらぶら歩いていると街は私に問いかけます。

思えば、多くの変化がありました。味気ない黒い建物だった札幌駅のビルは、高級ホテルや百貨店も入った一大施設になりました。サッカーチームのコンサドーレ札幌が出来、さらには日本ハムファイターズが北海道にやってきました。ライジングサンロックフェスティバルのような、全国的に知名度のある大規模なロックフェスティバルが開催されるようになりました。

そういえば、2000年代になってから内地では、ジンギスカンとスープカレーが一大ブームになりました。特に2005年頃は都内にもジンギスカンのお店が多数できました。幼い頃から食べていたジンギスカンがメジャーになったことを嬉しいと思うと同時に、戸惑いました。というのも、東京のジンギスカン屋は不自然なくらいにおしゃれで、美味しいのです。私が行った中目黒のある店などは、店内が暗く、間接照明を活用しており、和モダン風。肉も分厚く、やわらかい生ラム肉でした。正直なところ、私が実家の庭や、近くにある十五島公園で食べていた庶民のグルメのジンギスカンとも、すすきのにあるジンギスカン屋や、札幌ビール園で食べるものとも違いました。「ジンギスカンというのは、こうじゃないだろう」と。いや、おしゃれであること、美味しいことにこしたことはありませんが、自分にとってのジンギスカンとは、冷凍の丸いマトンを解凍させつつ、ベル食品のタレで食べるものだったのです。そして、生のラムは美味しくて、当たり前だろうと思ったのです。

とはいえ、当初は故郷の身近な食べ物にスポットが当たり、ブームになったことは嬉しかったものです。ただ、ブームは次第にさり、一時はあれだけ増え、予約も取りにくかったジンギスカン屋も気づけばあまり見かけなくなりました。その時に、妙な虚しさを感じたのです。ひょっとして、私の好きだったジンギスカンは「消費」されてしまったのではないか、と。

たくぎんも、丸井今井も経営破綻しました。幼い頃、7階の玩具売場に行くのが楽しみだったそごうもなくなり、家電量販店が入りました。大好きな狸小路もだいぶ変わりました。7丁目の方はおしゃれな飲食店が多数でき、盛り上がりを見せていますが、大好きだった旭屋書店も、茶屋碁盤店も、そうご電器も、ヨシダ楽器店も今はもうありません。

間違いなく、北海道は青春時代を過ごすまでは恵まれた場所なのですが、気づけば視野が狭くなり、内地コンプレックスになってしまうことを意識しなくてはなりません。

「障子を開けてみよ。外は広いぞ」

豊田自動織機創業者、豊田佐吉の言葉です。皆さんも心の扉を開き、札幌のことを多様な視点で見てみませんか。そして、外に大きな世界が広がっていることに気づいてみませんか。

第 2 章

働くということについて、今から考えておくべきこと

この章では「働く」ということや、「キャリア」について考えてみたいと思います。考えすぎて危機感、焦燥感を抱くのもよくないですが、考えないのはもっと怖いです。札幌市民が、16 歳から考えておくべきことをここに記します。

なぜ、働くのだろう?

「なぜ、働くのか?」ということについて考えてみたいと思います。皆さんは、これについて、考えてみたことはありますか? 今はキャリア教育関連の仕事をしている私も、10代の頃は「働く」ということについて、答えなど持っていませんでした。「なんとなく、そうするものだから」というのが答えでしょうか。ただ、札幌の20代の若者と会っていると、意外にもこのような理由で働いている人も多いのではないかと感じます。そして、「なぜ、働くのだろう?」ということを考える間もなく、社会に、会社に、飲み込まれていく。これもまた日本の現実です。

10代の頃の答えをもう少し思い起こしてみると、「働かなければ、食べていけない」という想いと「新聞記者になりたい」という想いが交差したものでした。つまり、生活のためということと、自分のやりたいことがあるからということです。漠然とはしていましたが、これは教科書的な答えと、実はあまりずれていません。「なぜ、働くのか?」という問いに対して答えるとしたならば、その答えは2つあります。「生活していくため」と

「喜びのため」です。まず、前者について。生きていくためにはお金が必要です。現代社会においては、お金がなければ衣食住という生活に必要なものは手に入らないのです。「実家に住んでいるから、住むところには困っていない。食事も親が作ってくれる。だから、働かなくてもいいじゃないか」という人もいることでしょう。そのような環境で生活しているので、40代になっても、あまり稼がない生活でいいと言っている人、実際そうしている人はいます。

ただ、冷静に考えてみると、縁起が悪い話ですが、親はたいていの場合、自分よりも早く亡くなるものです。その後の人生は、自分で、自分を支えていかなければならないのです。ましてや、親の収入の減少だって問題になっています。これによって、アルバイトをかなりしなければ生活が成り立たず、学費も払えないという学生とよく会います。これまた縁起が悪いですが、親の介護が必要になってくる可能性があります。時間かお金が必要になってきます。「結婚するから、別に働かなくてもいい」という人だっているでしょう。でも、前述したとおりライフスタイルの変化、価値観の多様化、恋愛と結婚の分化が進んでいる今日では、結婚することすら困難です。結婚は今や嗜好品だと言われる時代であり、大婚活時代なのです。親の年収もそうですが、配偶者の年収も下がっていく時代です。「私は年収が高い男とセレブ婚するから大丈夫」という人もいることでしょう。甘い！　そもそも、そのような男性は数少ない上、年収が高い男ほど、その人の仕事の業績による振れ幅が大きいわけです。さらにこれまた縁起が悪いのですが、現在は大婚活時代であると同時に、大離婚時代です。日本人は今、２分に1組離婚しているとさえ言われています。もし、子供を引きとって、大学にまで入れるとなったら、大変なお金がかかるわけです。

10代の皆さんには刺激が強すぎる話かもしれませんが、やはり生活していくためには働かなくてはならないのです。

ただ、「生活のため」だけに働くと、どうしても心身ともにギスギスしてしまうものです。もう一つの理由は「喜びのため」です。働くことを通じて、何か人の役に立てた、成長した、新しいチャレンジが成功した、仕事を通じて素敵な人に出会えた、そしてお金をもらって欲しい物を買い、美味しいものを食べた……。働くとたくさんの、大きな喜びがあるものです。働くのは大変なことだらけですし、そもそも仕事に就くのが大変なのですが、この嬉しい瞬間は一度味わってみると、やみつきになるものです。

私もまさに大学3年生のこれから就職活動が始まるという時に「なぜ、働くのだろう?」ということを考えていました。東京都の立川にある、繁華街に近いところに借りていた日当たりなしの安アパートで、ベッドに横たわりながら「なぜ、働くのか?」とつぶやいたことを覚えています。「そりゃ、食べていくためさ」と、私は言いました。大学を卒業したら、親からの仕送りも、奨学金も止まります。大学を出て、働いていないのは恥ずかしいとさえ思ったのです。しかし、その言葉を発した瞬間「それは、ウソだ」ということに気づきました。食べていくためだったら、安アパートにそのまま住み続け、当時やっていたアルバイトの量を少し増やすだけで十分食べていけることに気づいたのです。しかも、年に何度かブランド物を買い、海外旅行に行けるレベルで、です。でも、私はそれは嫌だなと思ったのでした。せっかく東京の大学を出たのだから、そこで勉強したことを活かした仕事をしたい、もっと大きな世界を覗いてみたい、もっと多くの人に会ってみたい、自分のやりたいことにチャレンジしてみたいと思ったのです。まさに、食べていくためであり、喜びのためでした。

もちろん、働く理由は人生の中でも変化していきます。生きることと、喜びのバランスが変化するのだとも言えるでしょう。今の私は、日本の「若者×働く」を変えよう、応援しよう、特に就活や大学のキャリア教育を変えようという大きな志を持ち、そのために邁進しつつも、妻と幸せな日々を送るために、そして住宅やクルマのローンを返済するために働いていています。決してかっこいい理由からだけではありません。

「なぜ、働くのか?」ぜひ、皆さん自身に問いかけてみてください。

仕事って何だ？

今度は「仕事」について考えてみましょう。仕事とは何でしょうか。ややカタイ表現かも知れませんが、個人的には、「価値を創造し、提供して対価をもらうこと」だと思っています。

この言葉は非常に深いと思っています。まず「価値の創造と提供」という言葉が非常に重たいです。さらりと書きましたが、「価値」を生み出すのは並大抵ではありません。お客様はどんどん贅沢になっていくので、求める価値はどんどん高度化します。業界のルール、ユーザーのニーズはあっという間に変化していきます。

例えば、初めて使った携帯電話から、今、持っているものまでの進化に注目してください。何度も売れ筋は変化し続けています。おじさんの昔話で恐縮ですが、私が初めて携帯電話を入手した1996年から現在までを振り返ってみると、当初は携帯電話は持っているだけでステータスシンボルになっていました。でも、まるで軍隊の通信兵が使うような、大きくて無骨なものでした。それが、だんだんとシャンパンゴールドなど、オシャレな色のものが登場してきました。特徴的な変化は90年代後半に、ＮＴＴドコモのi-modeに象徴されるように、各社がインターネット対応携帯電話を出してきたことです。携帯でネットを見ることが出来るということは、画面は大きい方が見やすいということになります。画面を大きくすることができるので、折りたたみ式携帯電話が流行りました。通話する部分に蓋がしてある状態なので、清潔に使えることもポイントでした。この時、実は折り畳む部分の蝶つがいの技術がすぐれている企業とそうではない企業があり、その使用感の部分で差がついたと言われています。２０００年前後から、カメラ付き携帯が増えたことも大きな変化となりました。カメラの性能がよく、液晶が美しいことがポイントとなりました。さらには２０００年代半ばから、ＩＣカードが搭載され、お財布ケータイが流行り始めました。そして、２０００年代後半にはiPhoneに代表されるスマートフォンが登場。携帯電話はもはや、「電話」というカテゴリーを大きくこえた存在になったのでした。もちろん、この流れの中で、ニーズの多様化も起こり、自分にフィットする携帯電話を選ぶような流れができたのです。

注目されるのは、売れ筋の変化が起こるたびに、シェアが大きく変化していったことです。このように、変化するニーズに対応し続ける、あるいはニーズを作り出すのは並大抵のことではないのです。

また、「価値」には様々な側面がありますが、ひとつには「不満」「不安」「困っていること」を解消すること、「大変なこと」を代行することにより価値が生まれるという部分もあるわけです。仕事はつらい、大変だということがよく伝わるわけですが、ある意味、当たり前のことで、苦しいことを代行するからこそ、お金はもらえるわけです。私は学生時代、お金を貯めたいときや、時に困ったときには36度の夏の炎天下で、運送会社で配達助手をしていました。時給は1100円くらいだったと思います。1日行くだけで1万円くらいもらえます。週に2回ほどやっていた時給2500円の家庭教師のアルバイトに比べると時給はかなり安いですが、手っ取り早くお金をつくるにはよい手段だったのです。炎天下にエレベーターのないマンションに冷蔵庫を運ぶ、全身刺青の暴力団員風の方の家に洗濯機を運んで怒鳴られるなど大変な思いをしました。ただ、今、振り返ると、あれだけ大変なことを代行しているからこそ、お金をもらえたのだと思います。

仕事ということを考える際に、そもそも世の中にはどんな仕事があるのかが分からないという人、やりたいことが見つからないという人がいます。これは10代にとっては当然ですし、大学生だってそうです。私は幼い頃から「物書きになりたい」「ジャーナリストになりたい」「社会学者になりたい」などの夢をもっていました。言ってみれば、ほぼどれも、誰でも知っている、比較的分かりやすい仕事ではありました。

ちなみに、高校1年生の時に、担任の先生に「ジャーナリストになりたい」と相談したところ、「北大では厳しいから、内地の大学に行きなさい」と言われたことを覚えています。

もちろん、社会のことが分からない若者に仕事を選べというのも酷なことだとは分かっています。ただ、その仕事がどんなものなのか、就くためにはどうすればいいのかぐらいは知っておくべきではないでしょうか。特に日本の就職活動においては、増えすぎてしまった大学生のレベルに対する不安感、ネットで応募できるようになりエントリー者がそもそも増えてしまったこと、優秀な学生の出現率などから、採用ターゲットを学歴で絞り込む動きが顕著です。行きたい企業や、やってみたい仕事があった際に、「あなたの大学からだと入社は厳しい」ということがよくあるのは事実です。偏差値至上主義はよく批判されますし、「東大にもバカはいる」「低偏差値大学にも優秀な人材はいる」「○○さんは大出世したのに、大学は出ていなかった」など、いつも極端な議論になるのですが、偏差値が高い大学、有名な大学は進路の選択肢が広いのは事実ではあります。やりたいことが見つかったところで、自分の学校では無理だということもあり得ます。

この「やりたいこと」ということはいつの時代も若者を迷わせます。やりたいことが見つからなくて焦り、やりたいことができなくて不満を持つわけです。ただ、冷静に考えてみてください。やりたいことはそう簡単に見つかりませんし、やったところで幸せになれるとは限らないわけです。

さらには、「やりたいことは、何だ?」という問いかけは、時に若者を萎縮させます。親しくしている某大学教授はこう言います。「日本のキャリア教育、そして就職支援の問題は〝やりたいこと〟ということを打ち出しすぎている。これが、問題なのではないか」と。私もそう思います。

私は「やりたいこと」に関するこだわりと、幻想、そして脅迫から離れると、みんながもっと気持ちよく生き、働くことができるのではないかと感じています。「やりたいこと」は常に片想いであり、やってみないと分からないものです。日本で教えられるキャリア論は「やりたいこと」「やらなければならないこと」「できること」について考え続けることがキャリアについて考えることだとされています。個人的にはこの中での「やらなければならないこと」こそ、若いうちは大切なのではないかと考えています。期待されること、頼まれる仕事こそ、その人にとっての天職だと考えるからです。「やらなければならないこと」に取り組むと、人に感謝されます。感謝されるのは嬉しいものです。そして物事に取り組んでいくうちに「できること」が増えていきますし、自分の得意なことにも気づいていきます。そして、その過程を経てやりたいこと、自分が使命感を抱けるものに出会えるわけです。

もちろん、イチローのように小学校時代からプロ野球選手を目指し、夢をかなえ、かつ高い成果を出し続けている人だっています。やりたいことをやるためには、自分が向いているかどうかに気づくこと、諦めないことが大事だと言えるでしょう。ただ、好きなこと、やりたいことだけをやるのが人生ではありません。何を自分の仕事にするか、今一度、よく考えてみてください。もちろん、「やりたい」という想いは、心のエンジンなのですが。

仕事は価値の創造である以上、苦しいものではありますが、仕事を通じて得られる喜びはかけがえのないものです。「仕事は楽しいもの」と、礼賛するつもりはありません。ただ、仕事にかける時間やマインドは誰でもかなりのものになるわけです。ここは「仕事を楽しむ」という姿勢を大切にしたいところです。

大学って何だろう？

「大学全入時代」と言われています。私は、この言葉に対していつもクビをかしげてしまいます。たしかに、18歳人口の大学への進学率は２００９年に50％をこえました。ただし、未だに大学に行かない人は40％強いるわけです。厳密には「大学半入時代」なのです。

とはいえ、全体でみると大学に入りやすくなったのは事実です。私が大学生になった頃、５２３校あった大学は、現在、約７８０校あります。地方の私立大学を中心に、定員割れしている大学も多数あります。それこそ、道内私立大学の入試出願状況をみると、大学関係者はきっと暗くなることでしょう。そして、私立大学の入学者は約5割が推薦・AO入試です。これらがすべて悪いわけではないですが、大学が求めるレベルに達していない学力の人、競争やストレスを経験していない人が入学してくることが問題となっています。

私が学生の頃は、まだ「名門大学に入ったら、人生レールに乗ったようなもの」と言われていました。言うまでもなく、いまやそんなことはありません。まぁ、私の頃から既にそうではなかったのですが。それこそ、東大に入ったところで就職が約束されているわけでも、ましてや成功が約束されているわけでもありません。昨今の報道のとおり、就職率が低下し続けているのはご存知の通りです。これは、単に「景気が悪いから」で片付けられる問題ではありません。そもそも企業が求めるレベルの力を持っている学生がいないことが課題ですし、そのような人材を大学が供給しているわけではありません。もちろん、この大学と大学生に何を期待するのかは、いつも噛み合わない議論になるわけなのですが。さらには、急増した大学生の数ほど、新卒の求人が増えなかったことも問題です。

大学に入ったところで、1、2年生は遊び呆け、3年生から4年生になると就活が忙しくなるというように、遊びと就活で大学生活が終わってしまうことが問題になっています。「4年制大学と言うが、実質は2年しかない短大と化しているのではないか?」という声さえあります。特に就活による学業阻害は問題となっておりますが、では仮に就活がなくなったからと言って大学生が劇的に勉強を始めるかというと別問題です。日本の大学はいまや世界一入りやすく、出やすく、学生が勉強しないと揶揄されるわけです。また、大学の講義がすべて優れているわけではないことは、言うまでもないことです。最近では、「大学に行く意味とは何なのか？」を問う声があります。一部の論客が「大学の機能とは、学歴を配布するラベリング機能しかないのではないか」と発言し、炎上気味になりましたが、一歩ひいて現状を考えると、極めて的確だとも言えます。

「日本の大学は変わるべきだ」と誰もがそう言いますが、変わることが並大抵ではないことも事実です。大学で教壇に立ち、キャリア教育改革のお手伝いをしている私ですが、大学は意思決定の主体者が不明確な上、教員と職員との壁、各部署の壁があり、なかなか変われないものです。大学が変わることを待っていたら、時間がもったいない。自分が変わる、大学という時間と空間をどう利用するかを考える。こちらの方が早いのです。

あらためて大学とは何でしょう。多くの人が「勉強するところ」と答えることでしょう。それはそうです。大学には、約1兆数千億円もの血税が注がれています。勉強しないことは罪なのです。ましてや、国際的競争力の低下が指摘され、人口問題と為替の問題、さらには大震災や原発事故からの復興を目指す日本にとっては、人々は知性を磨かなくてはなりません。大学生が勉強するということは、責任であり、この国をなんとかするために必要な行為なのです。

一方、大学生活における勉強とは大学の中だけにあるわけではありません。読書することも勉強ですし、講演会を聞きに行くことも勉強です。それこそ、私が通っていた大学の当時の学長は、彼が学部長だった時代に履修ガイダンスで「学問は、この大学の中だけにあるわけではない。他大学の講義にもどんどんもぐりに行きなさい」と発言しました。今なら問題発言になりそうですが、でも、気持ちはよく分かります。

そして、大学生活は別に勉強だけではありません。サークルやアルバイト、趣味、恋愛など成長の機会は実にたくさんあります。私は大学とは卒業後の社会を生き抜くために、「自分を大きくするために学ぶ場所」だと思っています。試行錯誤と紆余曲折を恐れずに、挑戦を続け、自分を大きくして頂きたいなと思っています。

会社とは何だろう？

次に会社について考えてみたいと思います。

まず、前提としてお話をしますが、「働く」という言葉を聞くと、会社に入って働くということをイメージするかと思います。これは大間違いです。会社で働くというのは、「働く」の一形式にすぎません。別に会社員だけが働く形式ではありませんし、その会社も星の数ほどあります。ただ、たしかに多くの人は働くこと＝会社員として働くということをイメージし、実際にそうします。

会社についてですが、よくメディアでは会社を悪い文脈で解釈した本が多数だと感じます。会社は社員から搾取している、社員はすべてを会社に捧げている、あるいは会社に飼いならされている、などです。そういえば、以前は「社畜」という言葉が流行したりもしました。私も日本の会社は問題が山盛りだと思っています。会社としてのビジョン、ミッション、バリューの明確化と実行、戦略の明確化と組織運営の徹底、環境の変化への対応など、まず本業の危うさを感じます。また、従業員との雇用契約の明確化、採用や育成の方法など人材に関すること、そして、多発するセクハラやパワハラへの対応など、コンプライアンスの遵守などは取り組むべき課題であることは間違いありません。

ここでは、逆に会社に勤めるということの意味を考えてみたいと思います。私はずっと会社勤めをしています。今も従業員10人程度の企業に所属しています。今の会社を入れて、これまでに3社在籍してきました。厳密には、最初の会社の頃に、出向を経験していますし、今は非常勤講師として3つの大学で教えていますので、多くの会社を疑似体験しているとも言えます。会社に勤めていて「よかった」と感じることは、組織の力を活かして、自分の力以上の大きなことにトライできるということです。一人の力でできることは、それなりです。でも、会社に入ることにより、大きなことに取り組むことができます。会社にはヒト、モノ、カネ、情報という4大資源があります。別に経営者じゃなくても、これらの資源を活用して仕事をすることは可能です。さらに、会社が築いてきた信頼を活用し、仕事をすることができます。もちろん、これは会社の歴史や規模にもよりますが、その会社の看板を背負っていることから、新規の取引先でも会ってくれるわけです。これは社風にもよりますが、会社に迷惑をかけず、メリットになることをやるのならば、何をやっても許されるのが実は会社だったりします。私の周りには、会社を上手く利用して、自分のやりたいことを好き勝手やっている人たちがたくさんいます。出世した人は、意外にもその会社の中でも変わり者が多かったりします。会社にはたくさんの問題がありますが、会社＝悪という考え方を一度捨てて考えてみましょう。

会社についてもうひとつ、お話しをしましょう。「いい会社」とは何でしょうか？　私は、大学3年生向けの就職ガイダンスで講演するたびに、必ずこの話をしています。毎年、就活生を見ていると「いい会社」という言葉が一人歩きして、違和感を抱いてしまいます。この言葉は非常に曖昧です。その会社の利害関係者、顧客、株主、従業員、社会のどれにとっていい会社なのかを考えるべきです。メディアなどで取り上げられる「いい会社」は経営者も魅力的で、戦略も明確かつ大胆、さらに業績もよい、海外展開や新規事業にも積極的……。一見するとこれ以上魅力的な会社はないように見えますが、言ってみれば業績がいい会社というのは、株主や経営者にとっていい会社であって、顧客や従業員、社会にとっていい会社かどうかは分かりません。実際、この手の会社は離職率が高かったり、メンタルヘルスの問題が多発していたりします。

「いい会社」というのはそもそも人によって異なりますし、人生のステージによっても変化することを意識するべきです。会社に勤める上では、その会社はあなたにとっていい会社なのかという視点を持つべきでしょう。

誰でもキャリアを考えるべきである

「キャリア」というと、ついつい人材紹介会社や求人情報サイト、資格の学校などが煽る「キャリアアップ」という言葉を連想してしまい、頑張りたいと思う人だけのものだと思いがちですが、そんなことはありません。

キャリアは英語では、Careerであり、元々は「轍《わだち》」という意味です。まさに、自分が歩む道のりこそがキャリアなのです。そして、前述したようなメディアにあふれる「キャリアアップ」という言葉は実はそもそも、おかしいのです。ナイター、パチンコパーラー同様に、和製英語です。キャリア教育関係者は、絶対にこの言葉を使いません。キャリアにはアップもダウンもないのです。すべての歩んだ道に意味があるのです。無駄な経験はひとつもありません。それこそ、希望外の配属で苦労した経験、営業で目標達成できなかったこと、職場の人間関係がうまくいかなかったこと、勤務先が倒産しそうになり危うい状況で働いたこと、いわゆるブラック企業に勤めた経験など、思い出したくもない嫌な経験も、皆さんのキャリアです。やや下世話な話になるかもしれませんが、プライベートにおいて、例えば仲間同士での揉め事、交際相手に騙されたり、振り回された経験なども立派な経験ではあります。

キャリアについては個々人が、今後のキャリアを構想すること、それに向かって進むこと、そして振り返りをし、意味付けし、再度、構想することが大事です。いわゆる、キャリアに対してＰＤＣＡ（Plan,Do,Check,Action）をまわすことが大切というわけです。毎日、キャリアについて考える必要はありませんが、時に立ち止まって、これまでの歩みとこれからについて、考える機会は持ちたいところです。

キャリアについて考えないこと、自分を取り巻く環境について知らないことは極めて危険であり、怖いことです。つまり、知らないうちに不幸になっていること、目指す夢に到底辿りつけない状態になっていることもあります。

例えば、あなたのお給料は高い方なのか、安い方なのかご存知ですか？　資格は転職に有効だと思いますか？　転職は何歳まで可能だと思います？　転職してお給料が上がるパターンをご存知です？　女性の管理職は、全体の何％でしょう？

まず、あなたの給料は高いのか、安いのか。実はこの件の答は極めて複雑です。『プレジデント』や『ダイヤモンド』などのビジネス誌に掲載されている「お給料特集」などを参照することをオススメします。

まずは、業界・職種別、さらには年齢別の平均に着目してみてください。ただ、いくつか気をつけるべきポイントがあります。まず、この手の給料特集で紹介される年収はたいてい「平均」で表記されます。この「平均」が実に曲者なのです。というのも、役職や年齢により、給料は大きく変わるので、「平均」で出すと実態と大きくズレる場合があるのです。例えば、平均年収６００万円の企業があったとします。実態は40代以上の人がたくさんいて、彼らは皆、９００万円以上をもらっているのに、20代〜30代は３００万円前後ということがあるわけです。金融機関のように、「高給取り」という批判をかわすために、新入社員の初任給は安いかわりに、30代になって役職がつくようになってから加速度的に給料が上がる業界もあります。さらには、この「平均」の出し方も実はルールが厳格には決まっていません。中には、「平均年齢の社員のモデル賃金」を「平均年収」だと言って発表している企業もあります。とはいえ、この業界、企業規模、職種、地域で皆はどれくらい貰っているものなのかは知っておくべきでしょう。お金だけではなく、福利厚生などによって状況が変わることも意識したいところです。さらには、年収が低くても人間関係が良好、好きな仕事ができる、家から会社が近いなど、額面に現れない年収「体感年収」を意識するべきだと思います。北海道の企業は、生活環境などを考えると、実はこの「体感年収」が高い企業が多いのではないかと感じます。

次に資格の話をします。結論から言うと、資格をとったからと言って、劇的に転職が有利になったり、お給料が上がるとは限りません。資格は皆さんのある分野における専門知識を保証するものではありますが、職務スキルとはまた別です。新卒の就活でも、転職活動においても、資格欄をびっちり埋めてくる人がいますが、お会いしてみると組織の中で活躍するイメージがまるでわかない人だらけ。自分に自信がないことを補うために、資格を取るわけですが、採りたいと思う人は、「仕事ができそうな人」なのです。最近ではグローバル化に伴い、新卒採用においても、経験者採用においてもTOEIC700点以上の英語力を課す企業も増えてきました。今後の世の中を考えても、欧米の文化にふれる上でも英語の勉強は間違いなく重要だと感じます。ただ、ここにおいても英語ができることと、グローバルに活躍できるかどうかはイコールではありません。必要とされるのは英語ができる人材よりも、仕事ができる人材であるというのは今も昔も変わりません。

転職可能な年齢ですが、よく言われる35歳転職限界説はかなり当たっていて、データを見ても35歳を過ぎると劇的に転職の決定率は下がります。年齢的に、管理職など責任のあるポジションを担うこと、そのための企業内での習熟が必要なこと、育成のしやすさなどからこうなります。もちろん、この言葉が一人歩きして採用活動でも杓子定規に対応が行われているという部分もありますが。さらに言うと、20代前半は業界も職種もこえた転職が可能です。20代後半になると職種の変更がきかなくなってきます。30代になると業界・職種が同じでなければ厳しいです。もっとも、これは世の中全体の一般論であり、データ上もっとよく出てくるパターンではありますが、あなたの個別事例はまた別です。ただ、世の中全体ではこのような状況になっていることを意識しておいてください。

転職で給料が上がるのは主に次の5パターンです。
❶前職の年収が経験や能力に対して明らかに低い場合
❷給料の相場が高い業界（金融、メディカルなど）に移る場合
❸雇用環境が売り手市場になっていて、人材の争奪戦になっている場合

❹経験が豊富で、明らかに能力が高い場合

❺その他、緊急に補充が必要で応募先が「どうしても欲しい！」と思った場合

などです。転職＝給料が上がるものという幻想を捨てましょう。転職は人生のチューニングなのです。転職で手に入れたいものは何なのかを具体的にしたいところです。

日本における女性の管理職の比率は係長クラスを含めて10％程度。米国の40％程度と比較すると明らかに低い状態になっています。女性の量的な社会進出は進みましたが、質的な社会進出はまだまだです。出産・育児によるキャリアの断絶をどうフォローするかなどが課題となっています。もっとも最近ではバリバリ働く「バリキャリ」から、一般職などで細く長く働く「ゆるキャリ」へのシフトも起こっていますが。

主に、就職・転職に関する話を中心に書きましたが、他にも世の中の変化についてはアンテナを張っておくべきです。アリとキリギリスではないですが、気づけば苦しくなっている、貧しくなっているという状況は避けるべきなのです。

このように、「知らない」「考えない」のはとても恐ろしいことなのです。そして、第1章でも触れたように、目の前に見える選択肢が一見すると少なく、ついつい視野が狭く

なってしまうことが札幌市民の課題です。環境の変化に気づかず、世の中のルールにも気づかず、自分の可能性にも気づかず、気づけば不幸になってしまうわけです。

激甘な働く理由をこえて

働く理由について面談すると、クビをかしげてしまうようなことがありますので、そのことについて書いてみます。もっとも、当の若者には悪気はないのだと思いますが、オトナ視点で考えると気になってしまいます。

その1：「お客様を笑顔にしたい」

特に飲食店などでアルバイトをしてきた学生に多いですね。「いつも笑顔を心がけ、お客様を笑顔にしてきました。入社してからも、営業として、お客様を笑顔にしていきたいです」なんてことを言います。

気持ちは分かりますが、これは営業のことをまるで分かっていない人の発言です。営業とは、商品・サービスについて、活用法なども含めて考えて提案し、顧客に価値を提供し、売上を得る仕事です。優秀な営業担当者とは、顧客が価値を感じる提案ができる人であり、会社から課せられた営業目標を達成できる人です。お客様に買ってもらって、値段以上の満足を感じてもらえる人です。笑顔は対人コミュニケーションの上では大事ですが、笑顔は素敵なのによい提案をしてくれない営業担当者は最悪です。

学生生活において相手が喜ぶことと、営業の場面で顧客が喜ぶことは違うことを意識してください。

その2：「以前から憧れていたこの業界で働きたい」
「幼い頃からこの商品が好き」
「大好きな○○に関わりたい」

気持ちはよく分かりますが、職場としてどう思うのか、入社後活躍してくれそうかどうかが気になるポイントです。仕事の中身を理解できていて、そこで活躍できそうか？　そして、消費者視点での憧れ、好きだけで企業を選ぶことほど、危険なことはありません。

未経験で世の中に出るわけですから、片想い状態の「好きなこと」をやるのではなく、まずは肌の合った企業に入って、やったことを好きになる、自分に向いていることが何かを探す方がよいのではないでしょうか。

その3：「人の役に立つ仕事がしたい」「人と接する仕事がしたい」

「〝人の役に立つ仕事をしたい〟という軸で、鉄道系を中心にみていたのですが、最近では食品メーカーなどでもそんな仕事が出来るということに気づきました。どうやって絞ればいいのでしょう？」こんな声をよく聞きます。

冷静に考えてみてください。これは「軸」でも何でもないのです。「人の役に立つ仕事をしたい」という学生さんは、仕事の意味を全く分かっていないのではと感じます。そもそも、すべての仕事は「人の役に立つ仕事」だということに早く気づくべきです。仕事とは、価値の創出と提供により対価を得る行為です。仕事には依頼主がいるわけで、その方に満足してもらわないといけないわけです。公序良俗に反する仕事でない限り、すべての仕事は人の役に立つ仕事であるわけです。

そして、たいていの仕事は一人ではできないものであり、人との接点はあるものです。人にどう役に立ちたいのか、どのような人と接点を持ちたいのか、自分の力はどう活きそうなのかを語ってくれたらまだ説得力があります。

その4：「ここなら、○○が学べると思いまして」

会社は学校ではありません。あなたのエゴで考えないでください。もちろん、仕事で成功するためには勉強も大切ですが、それはあくまで仕事で成果を出すためのものであることを認識したいところです。

オトナ視点で仕事を考えることも意識しましょう。ではどうすればいいのか？　それは、「活躍したい」「成長したい」という視点で考えることです。活躍して貢献できそうなこと、自分が成長できそうな理由（これも、活躍のためなのですが）を考えてみてください。お客様、評論家の視点ではなく、当事者視点で考えましょう。

夢に期日を、そして諦める期日も

キャリアを考えることは、将来の夢とセットで考えられているように思います。突然ですが、皆さんには夢がありますか？　中には、「夢」という言葉を聞いて、妙な懐かしさや、人によっては恥ずかしさを感じるかもしれません。「夢」という言葉が普通に出てくるのは、だいたい小中学生くらいまで。大学生になってからも、就活ではエントリーシートや面接で「将来の夢」などを聞かれることがあります。大学生くらいになると、将来の夢について熱く語り、それに向けて走っている学生がいる一方で、大学の食堂や、学生がやってくる居酒屋などに行くと、仲間同士の会話で「夢みたいなこと言いやがって」など、夢という言葉を否定の文脈で使う学生と遭遇するわけです。

ところで、皆さんにお伺いしたいのですが、幼い頃の夢は何でしたか？「プロ野球選手になりたい」「宇宙飛行士になりたい」「漫画家になりたい」などなど、様々な夢があったはずです。私も幼い頃、七夕の短冊や、卒業文集などに夢を書いたことを覚えています。物書きになるのは、当時からの夢でした。達成するために30年前後かかったわけですが。夢は大人になればなるほど、具体的になっていきます。いや、夢というよりも目標というものに近くなってきますね。幼い頃の夢は気づけば恥ずかしいものになっていくわけです。

もうひとつ。皆さんが過去に描いた夢で、実現したものは何でしょうか？　実現する夢と、実現しなかった夢の違いは何でしょうか？　何か違いに気づきましたか？　おそらく、達成した夢は、単に「運がいい」だけではないはずです。その夢自体が具体的に考え抜かれていて、達成するためのシナリオも明確。自分の実力が最大限に発揮されていたことでしょう。一度でも、小さなことでも構わないので、夢を実現したことがある人なら、夢を達成した感覚は絶対に忘れないで欲しいと思います。幼い頃に、初めて鉄棒で逆上がりができたときと似ていて、一度上手くいくと、成功の法則が分かり、勝ちグセがつくものです。

夢に関する有名な言葉でワタミグループの創業者、渡邉美樹さんの「夢には期日を入れる」というものがあります。締切りを設けることにより、夢は目標へと変化します。いつまでにやるかが決まることによって、その間の打ち手が決まってくるのです。夢もより明確になるわけです。

やや極端な例ですが「英語が上手になりたいです」という中学生レベルの夢ではいつまでたっても英語は上手くならないことでしょう。いや、上手くなったとしても、おそらく、効率が悪いはずです。中学生レベルと書きましたが、大人になってもこのレベルの夢や目標を掲げる人は皆さんの周りにもきっといることでしょう。「今年の8月のTOEICのテストで、730点を取るために、リーディングの点数を50点、リスニングの点数を20点上げるためのトレーニングをする」ここまで具体的に落とし込めば、おそらく達成率は劇的にアップすることでしょう。

さらに、夢を達成するためには実行力が重要です。「やる」と「やりきる」は違います。申し訳程度の取り組みでは夢は実現しません。達成するためには「やりきる」ことが大切です。では、「やりきる」ために必要なことは何か。上司・先輩も含めた周りのメンターの協力、スケジュール管理なども もちろん必要ですが、個人的にはその夢の大きさなのではないかと思っています。震えるほどの大きな夢だから、実現しようという意欲は高まるわけです。また、これは人によりますが、周りに宣言することも有効だと言えるでしょう。周りからの視線は心地良い緊張感をうみ、達成にドライブをかけるのです。

ところで、これまで紹介したのは、どちらかというと「自分自身の、実現したい夢」に関することです。実は、夢には種類があります。中には、実現するかどうかはともかく、考えているだけでワクワクする夢というものもあります。それは、自分に関する夢じゃなくてもいいと思います。「いつか宝くじで3億円当てたい」「世界一周旅行をしたい」「宇宙旅行をしてみたい」という、よくありがちな、難易度の高い夢ですが、みているだけで自分の人生を楽しくするという効用はあると思います。

この本を書いているうちにも、氷室京介が伝説のロックバンドBOØWY解散以来、初めて、全曲を当時の曲で構成するチャリティーライブを開催しました。そのニュースが流れた際も「ひょっとすると、BOØWYが再結成するかも……」とネット上では盛り上がりをみせました。すぐに、布袋寅泰を始め、元メンバーが声明を発表し、今回の氷室京介のライブへの参加はどうやらなさそうだということになりましたが。BOØWYの再結成については同じファンでも「死ぬまでに絶対、観たい」という人もいれば、「やはり、あの頃の思い出ということで、心の中にとっておきたい」という人もいるでしょう。もし、前者のように考える場合、「いつかBOØWYの復活ライブを観る」という夢を描き続けることによって、人生はだいぶ楽しくなるに違いありません。

また、自分自身の夢ではなくても、「子供が甲子園に出場する」「この町が全国的に有名になる」「北海道日本ハムファイターズ10年連続日本一で、ジャイアンツのV9をこえる」など、他の人や地域、団体などに夢を託すことだってできます。

やや話は戻りますが、「夢に期日を入れる」ことと同様に、もう一つ、人生を充実させるヒントがあるとするならば、「夢を諦める期日」を設けることです。例えば、「今年、メジャーレーベルから契約の話がこなかったらバンドはもう解散する」「今年、合格できなかったらもう司法試験を受けるのは辞める」というように、撤退期限を設けると、夢にはまり過ぎて路頭に迷うことがなくなります。若者が夢を追いかける姿は美しいです。ただ、夢を追いかけて、気づけば何もかも失ってしまった人もいます。例えば、1987年にリクルートは「フリーター」という言葉を仕掛けました。今となっては、ネガティブワードとして使われるフリーターも、当初はポジティブな言葉でした。組織に属さずに、バンド、演劇など自分の夢に向かってチャレンジする若者を応援する言葉だったはずです。大学卒業後、夢を追いかけてフリーターをやりながら、バンド活動を続けた人などがいます。しかし、結局、追いかけていた夢に敗れ、いつの間にか中年になっている人も。もちろん、本人が望んだことだし、後悔はないことでしょう。人生において、時間ほど有限なものはありません。今日ほど若い日はないのです。そして、年齢とともに、出来ることは限られてくるのです。私も今年で37歳。もうプロ野球選手も、アイドルも無理でしょう。それは極端な例だとしても、一般論としては年齢とともに、チャレンジできることは限られてきます。前述したとおり、転職にしても年齢的なリミットは事実としてあるわけです。仕事はプライベートとももちろん連動してきます。結婚して家族を持つとなると、それなりに稼がなくてはなりませんし、家事にも参加しなくてはなりません。人生を無駄にしないためにも、その夢への撤退期限も意識しておきたいところです。

私の尊敬する経営者も夢の撤退期限を明確にしていました。彼はどうしても慶応義塾大学のグレーのユニフォームに身を包み、神宮球場で野球をしたいという夢を抱き、浪人して慶応に進学。当時の野球部は120名が所属。監督は完全に年功を廃してレギュラーを決める方針だったので、必ず4年生までにレギュラーになると決めていました。そして、苦しい練習に耐え、４年生の時にレギュラーとなり、見事に夢を叶えます。慶応でレギュラーということは、プロ野球選手になってもおかしくないレベルなのですが、彼は夢を果たしたので、あっさりと野球をやめる決意をし、就職先も「実業団チームがない会社」を選びました。もっとも、就職先の消費財メーカーには準硬式の野球部があり、結局、周りの命令でそこに所属することになり、チームを都市対抗野球準優勝まで導くことになったそうです。

ところで、皆さん、夢はありますか？　夢という言葉について語るとき、私はつい厳しく伝えてしまうのですが、それでも夢を描きましょうよ。夢に振り回されるのもよくないですが、夢は人生を明るい方向に連れて行ってくれます。そして、夢について熱く語れる人は素敵です。夢の叶え方、付き合い方を意識しつつも、自分の夢は何なのか。今一度、考えてみましょう。

あなたに合う仕事とは何だろうか？

新卒の学生さんは「やりたいことが見つからない」「自分はどんな会社が合っているんだろう」と悩み、働く社会人は「自分にはもっと向いている仕事があるはず」「もっと輝ける場所に行きたい」と悩みます。「天職」という言葉がありますが、誰もがそんな仕事に出会いたいと願っており、それが何だか分からずに悩んでいます。どうすれば天職と出会えるのでしょうか？　この件について考えてみましょう。

話の腰を折るようですけど、天職に簡単に出会えると思ってはいけません。たいていの人は天職になかなか出会えず、模索を続けるものです。そして、なかなか見つからないからこそ、出会えたときの感動は大きいのだと思います。

天職を見つけるコツはまずは自分の可能性に気づくことです。ついつい、今、目の前に見える仕事の中で華やかなものや自分に合ってそうなものから選んでしまいがちです。世の中には星の数ほどの企業と仕事があります。また、別に北海道の中で仕事を探さなくても、内地で、世界で探すことだってできるわけです。まずは可能性が無限大であることに気づいてください。

一方、選択肢が多すぎて決められないことも現代社会の天職をめぐる問題です。懐かしい言葉で言えば高度情報化社会、最近ではそれをはるかにこえる情報過多時代になっているわけです。特にこれが就転職と、恋愛・結婚においては顕著なのではないでしょうか。結果として耳年増になり、身動き取れなくなっているということも。

特に若年層において、天職に出会うためのコツはアンテナを張り、視野を広げつつも、目の前のことをひたむきにやることです。若いうちは「やりたいこと」を中心に考えがちですが、はっきり言ってこれはオススメできません。と、言ったところで、若者はその方向に走りがちですし、それが見つからなくて焦るわけですが。ただ、たいていの「やりたいこと」は片想いの恋愛みたいなものです。そして、その職に就いたとしてもギャップに苦しむことでしょう。

若者層がこの中で何よりも大事にするべきことは周りが期待することは何かを考えることです。人の期待に応えることはやりがいにつながりますし、皆も喜んでくれるわけです。そして、「やらされる」ことによって自分の適性に気づいたり、自分の引き出しが増えていきます。これまた周りに感謝されますし、だんだんストレスなく働くことができるようになります。気づけば、自分が心底から燃えられる人生のテーマに出会えるというわけです。天職のヒントは「周りの人がその人に何を期待しているか」にあると考えています。結局、目の前のことは天職への近道なのです。

時には「やらざるを得ないこと」「消去法で取り組んだこと」が天職になることもあります。NHK、Eテレの人気番組『佐野元春のザ・ソングライターズ』の初期にゲストでやってきた作詞家松本隆さんもそうでした。古くは太田裕美の『木綿のハンカチーフ』、そして松田聖子の一連のヒット曲などを手がけ、名実ともに日本を代表する作詞家である彼ですが、この番組でのインタビューによると実はこの職に就いたのは「作詞家くらいしか、できる仕事がなかったから」だそうです。彼は細野晴臣や大瀧詠一、鈴木茂らが在籍した伝説のバンド、はっぴいえんどのドラマーでした。当時からバンドの曲の歌詞を書いていました。その後、バンドは解散。そのとき、奥さんも子供もいたため、ドラマーでは食えないということで、作詞家でもやるしかないと始めたそうです。日本を代表する作詞家でも、「食っていくため」という消去法からその仕事に就き、才能に目覚めたというのです。

皆さんもぜひ、自分の可能性の大きさ、選択肢の多様性を意識しつつも、自分の向いていることに気づいて頂きたいのです。その際に意識したいのは、一人だけで考えないということです。社会、会社における「本当の自分」とは、ドライに言うならば、周りに見られている自分こそが本当の自分なのです。キャリアについて考える際は、ぜひ他者からの視点を活かしてもらいたいと考えています。自分の強みや適性などは、自分だけではわからないものです。ぜひ、他の人にアドバイスをもらう、特に「褒めてもらう」ことにより、自分について発見しましょう。

あなたは何屋さんか?

「要するに何屋さんなんや?」

最初に就職した会社、リクルートにいた頃、私が在籍していた部署の担当役員（のちに副社長）に企画を持って行って決済を仰ぐたびに、こんなことを聞かれました。その企画は、誰に対して、どうやって、どんな価値を提供しているのかということについて問われるわけです。この言葉は深いと思っています。というのも、世の中で上手くいっている商品・サービス、もっと言うと企業や個人は「何屋さんか」が明確なのです。

逆に世の中には「誰にでも愛される」ことを目指して、結局「誰からも愛されない」状態になっている商品・サービスが多数あります。企業や個人にしてもそうです。そもそも、人間関係においても「いい人」というのは「どうでもいい人」でもあります。八方美人は信用されないのです。

そして、前の項目でも書きましたが、あなたに期待されることは何なのか？　ということを意識するべきです。期待に最大限に答えることこそが、最大の満足につながるわけですから。逆に期待されていないこと、得意でないことに取り組むと、顧客は満足しませんし、あなたも疲弊することになるでしょう。ヘタに総花的になるのは、日本人の悪いくせです。足し算よりも、むしろ引き算の発想が価値を明確にします。

何屋さんなのかは、まずはざっくりと定義した上で、詳細に考えていくとよいでしょう。クルマの営業を担当していたならば、単純に言うと「クルマ屋さん」になるわけですが、自分の得意分野を定義するとより明確になります。例えば、「中央区の富裕者層に対してスポーティーな高級車を売るクルマ屋さん」というようにするわけです。

ここで気づいた人もいるかも知れませんが、実は分野やエリアなどの掛け算をすることにより、自分の価値は明確になり、何屋さんなのかがはっきりします。さらには、独自の地位を作りだすことができるのです。

オンリーワンよりナンバーワンを目指すべきです。「ナンバーワンよりオンリーワン」というのは大ウソです。オンリーワンというのは結局、ある分野でのナンバーワンなのです。そして、「そのままの姿」でオンリーワンになれるわけなどないのです。そして、ナンバーワンとナンバーツーには雲泥の、天と地ほどの差があるのです。ナンバーワンを経験した者ならではの自信というものがありますし、見える視界、できることも違うのです。

掛け算をするという発想や自分のポジショニングを意識しつつ、自分はどんなナンバーワンになれるかを考えてみてください。

いかがでしたでしょうか。「働く」ということについて考える際には世の中の現実を知り、自分のことを知りつつ、強く未来を構想することが大切です。力強い未来予想図を描きましょう。

第 3 章

今、起きている変化を意識しよう

この章では、札幌の若者が今、意識すべき変化、考えるべきことを提示します。はっきり言って、日本社会は問題だらけです。目を覆いたくなるようなことだらけです。元々、私たちが向きあっていかなければならない問題は、突き詰めると「人口」と「為替」の問題でした。減っていく人口、少子高齢化社会とどう向きあうかは課題です。2050 年には 0.8 人の高齢者を現役 1 人で支える社会になると言われています。その時の労働力の確保、税収、年金などはどうするのでしょうか？　そして、進む円高は工場のますますの海外移転を促し、産業や雇用の空洞化を招いています。さらには、格差社会、無縁社会問題も私たちを襲います。ダメ押しで、東日本大震災と原発事故が起こってしまいました。

怖がってばかりもいられません。現実を直視し、これからどうすればいいかを考えようではありませんか。

3・11は日本をどう変えたか？

2011年3月11日。この日を境に日本は変わりました。東日本大震災が発生。マグニチュード9.0の大地震が日本を襲いました。そして、大津波に、さらには原発事故です。

この日、私は東京新聞の編集委員と、実践女子大学で一緒にキャリア教育科目を担当している先生と赤坂のホテルのカフェで打ち合わせをしていました。東京新聞の論説コーナーに寄稿する記事の打ち合わせについてです。ちょうど、学生の就職難と、現状の就活のやり方について問題視する声が高まっていた頃だったので、その件についてのレポートと、改革のためのオピニオンを寄稿する予定だったのです。

打ち合わせが終盤に近づいたときに、大きな揺れがありました。都内はいつも地震があり、少々の大きな揺れがきても「またか……」くらいに思います。それこそ、札幌に住んでいた頃は震度3くらいの地震でも驚き、小学校で習ったように机の下に潜っていたわけですが。ただ、この日の揺れはいつもより明らかに大きく、長い揺れでした。眼の前にあるビルはガラス窓が大きく揺れています。結局、逃げることにしましたが、席を立ったところで、いったん揺れがおさまりました。赤坂見附の駅からは地下鉄からたくさんの人が出てきました。

その後、渋谷で打ち合わせの予定だったのですが、交通機関は麻痺状態。地下鉄は止まり、タクシーもなかなか来ません。そして、電話もつながらなくなりました。ただ、なぜかイーモバイルは快適につながります。ちょうどノートPCを持ち歩いていたことが不幸中の幸いでした。これでクライアントや家族と連絡が取れたのです。

ホテルのテレビに被害状況が映しだされました。関東でもビルやコンビナートの火事がありました。地震もそうですが、凄まじい津波です。家やクルマが波で流されている、恐ろしい光景が映しだされています。

交通機関が動かないので、取り急ぎ新橋まで歩くことに。結構な距離ですが、みんな歩いています。ところどころ、ビルの窓ガラスや壁が割れ、道路に落下していました。新橋の家電量販店には多くの人が集まり、まるで難民キャンプのような様子でした。皆、テレビの画面をおとなしく見つめています。妻も六本木の勤務先から新橋まで歩き、合流。銀座線が復旧したので、なんとか浅草まで行き、バスを待つのですが来ないので、50分歩き無事に帰宅しました。途中、コンビニの前を通りがかるとトイレは長蛇の列で、お弁当はほぼ売り切れでした。自宅も被害はありませんでした。

その後、毎日のように震災や原発関連の映像がお茶の間に流れました。深刻な映像が繰り返し流されると、直接的には被害を受けていなくても、気分は落ちていきます。しばらくは計画停電もあり、スーパーでも品物不足が続きました。ちょうど関西出張があり、大阪に行くと、町はいたって普通に動いておりましたが、家電量販店では小型ラジオが売切れでした。

福島第一原発事故はレベル7と認定されました。この事実は深刻に受け止めるべきであり、なぜ、こうなってしまったのかについては検証と猛省が必要だと思うのですが、これにより国内外で風評被害が起こっています。明らかに福島原発の放射能の影響がない九州でも、日本産のものは信用できないとキャンセルされる始末です。私は自粛ムードを吹き飛ばすべく、妻と一緒に沖縄の石垣島、西表島に旅行に出かけたのですが、心なしか観光客が少なくなっているのではないかと感じました。特に欧米人は一人も見かけませんでした。実際、沖縄在住の方によると、観光客は減っているようで、ＧＷには必ず賑わっていた国際通りも人はまばらなのだそうです。そういえば、先日一緒に仕事をしたベンチャー企業の社長は、オーストラリアに出張したところ、そのころに日本への入国が禁止になったそうで、やむなく香港経由で帰国していました。

震災と原発事故については、まずは一刻も早く福島第一原発を沈静化させること、さらには東北エリアを中心とした復興、新興がカギとなります。今後の電力不足をどうするか、金融機関の不良債権問題は起きないのか、東電の存続をどうするのか、そして前述した風評被害を払拭し、日本の安全宣言、復旧宣言をどうするかが課題となります。これらの状況は刻一刻と変化しているので、最新の情報をウォッチし続けたいところです。

実は3・11が変えたのは日本経済そのものもそうですが、私たちのライフスタイルや、生活に対する価値観だったのではないかと思います。ミュージシャンの斉藤和義さんは、ネットの動画配信サイトで自らの代表曲「ずっと好きだったんだぜ」の替え歌「ずっとウソだったんだぜ」を歌い、話題になりました。この歌は、原発と東電を批判する歌だったのですが、この「ずっとウソだったんだぜ」という言葉に多くの皆さんが共感したのではないでしょうか？　そして、今まで自分たちが当たり前だと思っていた生き方、特に働き方に対して、「今までの生活とはなんだったのか？」と思ったことでしょう。

たしかに、３・11を境に皆さんの生き方、働き方に対する価値観が変わったように思います。私も、３・11を機会に入っていた予定が一気に無くなり、今までの忙しく働き、夜は仕事をかねて飲み歩く日々はなんだったのかと思いました。計画停電や余震の影響などがあるので、労働時間も短くなります。ゆっくり会社に行き、夜は夫婦で料理を作って食べる。こんな日々はむしろ幸せだと感じるようになりました。

周りの話を聞くと、３・11をキッカケに人生をシフトした人が数多くいます。地元へのUターンを決意した人、転職を決意した人などは多数です。新卒においても、中途においてもこれを機会に地元に戻って働くという人が増えました。興味深いのは、特にUIターン志向が強いのは東北出身者だということです。こんな時だからこそ、地元に貢献したいというわけです。

有名なエピソードですが、楽天の三木谷浩史社長の起業を後押ししたのは、１９９５年に発生した阪神・淡路大震災だったといいます。故郷が大変な事態となった上、かけがえのない人たちとの別れが、人生観に大きな影響を与えたとか。三木谷さんはその年のうちに日本興業銀行（当時）を退職し、まずはコンサルティング会社のクリムゾングループを設立し、その後の楽天の創業へとつなげていったのでした。

私のリクルート時代の上司も、2001年の9・11事件をきっかけに、メガバンクから転職してきた人でした。米国、とくにニューヨークに長く勤務し、9・11事件が起こる少し前に日本に帰国していました。ニュースであの惨状を目にし、「自分は死んでいたかもしれない。自分の好きなことをしよう」と決意。リクルートに転職し、さらにベンチャー的挑戦となる、トヨタとリクルートの合弁会社に参加しました。

就活生と話をしていても、3・11を機会に価値観が変化していることを感じます。特に、東京電力の対応などをみて、企業選びの基準に「企業体質」というキーワードが出てきました。腐った体質、大企業病の企業に人生の40年間を捧げるのはどうか、会社に魂を捧げ、愚痴と嫉妬と後悔にまみれた日々は送りたくないというわけです。特にインフラ系＝安定した会社という幻想は一気に吹き飛びました。「この企業は21世紀を生き抜けるのか？」さらには、「自分が21世紀を生き抜くにはどうすればいいのか？」という観点が仕事選びに加わったように思います。一方、震災後にもっとも志望者が増えた職業が公務員だというのも注目ポイントです。こんな時代だからこそリスクテイクしようという考えと、それでも安定が欲しいという層に、極端なまでに2極化しているとも言えます。

このような究極的な出来事は、自分の人生や、大切にするべきものを私たちに問いかけますね。かといって、誰もがやみくもに冒険すればいいというものではありません。

元々、大震災が起こる前から、「今後の日本経済は大丈夫なのか？」という議論はよくありましたが、このような究極的事態が起こってしまうと、これまでの議論は実に牧歌的だったと感じます。まさに、傷口に塩をぬられたような事態です。

こんな環境だからこそ、これまでの枠組みにとらわれず、そして国や会社にしがみつくのではなく、自分はどうするのか、ということが問われる時代になると言えるでしょう。

「グローバル化」とは何か？

現在、起きている変化で最も皆さんが耳にすることと言えば、「グローバル化」でしょう。楽天やファーストリテイリング（ユニクロ）をはじめ、社内の公用語を英語にする企業のニュースを見聞きするようになりました。武田薬品工業のように、新卒採用の基準としてTOEIC730点以上を課す企業も目立ってきました。さらには、北京や上海などで中国人を採用する企業のニュースも増えてきました。道内の企業でも、あまり公にはなりませんが、外国人の採用に注力している企業は多数あります。皆、勉強熱心でハングリー。日本語などもあっという間にマスターしてしまいます。日本企業による海外企業の買収の話や、提携の話はいつも新聞を賑わせています。

たしかに、国内市場の成熟や新興国市場の拡大、グローバル企業との競争激化、進む円高などにより、グローバル化は進んでいると感じます。思えば、高校、大学の同級生と年賀状のやりとりをすると、結構な割合で海外転勤の知らせがきます。友人とプライベートなメールのやりとりをしていても、海外のどこかからの返信ということがよくあります。

グローバル化というのは別に、海外に進出することだけではありません。日本が海外に対して開かれた状態になる、これもグローバル化です。原発問題が発生する前は日本にやってくる外国人が極めて増えていると感じていました。東京で、しかも下町に住み、都心に通っていると外国人だらけだと感じることがあります。私は通勤の際に浅草を経由するのですが、ここはいつも外国人の観光客がいっぱいです。銀座の三越などに行くと、中国語がいつも聞こえてきてびっくりします。今やすっかりオタク文化の街となった秋葉原ですが、外国人にとってはまだ家電の街というイメージも強いようですね。ここでは日本のシャワートイレや、炊飯器が中国人に飛ぶように売れています。私が大好きな富良野に旅行に行ったときも、普通の蕎麦屋が数ヶ国語対応になっていることに驚きました。

ところで、「グローバル化」と言うとなんとなく、英語を勉強しなくちゃとか、海外転勤に備えなくてはとか、たくさんやってくる観光客に対応しなくちゃとか、そういうことを考えると思います。あるいは、「私には関係ないこと」という態度を取る人もいることでしょう。もちろん、グローバル化に関係なく、国内で残る産業も多数あるわけですし、ここに関わる人材もいます。ただ、今後は突然、自分の働く企業が海外展開することだってあるわけですし、プライベートにおいても、彼氏が海外転勤になり、それをキッカケに結婚し、海外に転居することだってあるわけです。ここでは、道民が普段の生活や仕事で考えるべき「グローバル化」について考えてみたいと思います。

「グローバル化」は北海道にとって、間違いなくチャンスです。既に道内企業が、海外に道産品を輸出するスキームが動き始めています。北海道で企業を経営している友人たちも、上海オフィスをオープンしました。国内、道内の市場は限られています。世界に広げていくという発想を持つだけで、ビジネスの枠はきっと大きく広がります。そして、日本にやってくる外国人にとって北海道は大自然や雪を見ることができる憧れのスポットです。

まず、普段から道内、国内という枠で考えずに発想したいところです。それこそ、90年代前半に国内ミュージシャンのインタビューを読んだときに（狸小路で立ち読みしたような気がします）、「世界で売っていくという発想が必要。北米で5万枚、ヨーロッパで2万枚というように」というコメントを読み、「なるほど、そういう発想があるのか」と感銘を受けたことを思い出しました。

そして、訪れた観光客に対しては、言語などの考慮はするべきと思いますが、「そのままの北海道を見せ、味わってもらうこと」これにこだわるべきなのではないでしょうか。皆さんも、国内外の観光地を訪れて、最高に感動したこともあれば、がっかりしたこともあるかと思います。では、良い観光地と悪い観光地の差は何でしょうか？　私は突き詰めると、「そこに強い〝日常〟があるかどうか」だと思うのです。道内をドライブしていても、「ここは、とても田舎だなぁ」と感じる場所があると思います。でも、その土地の美味いものや、絶景があるわけです。なぜ、その土地に感動するのか？　それは、そこに暮らしている人の強い日常が存在するからこそ、感動的な非日常感があるのです。逆によく見せようと、他のエリアのマネしたもので固めようとすると、本物っぽさがなく、滑稽な状態になってしまいます。日本のことを知らない外国人ならそれで納得するだろうと思うかもしれませんが、それは大間違いです。私たちが海外に行くときもそうだと思いますが、国内で見聞きするその国の文化に飽きたらずにわざわざやってくるわけですから、むしろニセモノはバレるのです。

さて、「グローバル化」に備えて、英語を話せるようにならなくちゃと焦る人も多いかと思います。ビジネスのツールとしても、教養としても、間違いなく英語は勉強しておいた方がいいのですが、ただ語学をマスターすればいいというわけではありません。お世話になった大学教授はこんなことを言っていました。「世界で会話できる日本人が減っている。英語が話せることではなく、自国の文化や歴史を語れる人が、である」なるほど、痛いところです。日本人が海外の人と会話していて、信用されないのはまさにこの点においてです。もちろん、日本の歴史の教科書についてはいつも議論が起こっておりますが、まずは北海道や札幌の文化と歴史について、熱く語れるかどうかがこだわりたいポイントです。

何よりもオープンなマインドが必要だと感じています。ソニーには〝Jump in〟という言葉があるそうです。異なる環境に対しても、オープンマインドで飛び込んでいくということです。この10年間は業績の悪化、最近でも大規模な個人情報漏洩事故などがあったソニーですが、それでも戦後、ベンチャー企業として始まり全世界に広がっていったのには、このマインドがあったからです。

グローバル化を面倒くさいこと、漠然とした不安と捉えず、チャンスと捉えましょう。

ＩＴ化時代だから問いたい、枠をつくらないこと、自分だからできること

この約10数年で世の中を大きく変えたものといえば、ＩＴの普及、進化です。ＩＴにより、これまで不可能だったことが、どんどん可能になり、人と人とのつながりも変わっていきました。

日本におけるインターネット元年は１９９５年だと言われています。この年、ウインドウズ95が登場。私が本格的にインターネットを始めたのもこの年です。その後、回線もブロードバンドになり、ＰＣなどの端末も安くなり、気づけば誰もが使えるものになっていました。

知りたい情報をすぐ検索できる、ネットで本を注文したら即日配達される、音楽やビデオをその場でダウンロードする、銀行の残高や株価の推移を確認できる、飛行機や鉄道を手配する、宿を予約する、ごく一般の個人が自分の意見をネットで配信する、大昔の仲間とあっという間に連絡が取れる、わからないことを質問できる……。これらのことは、今

では当たり前なのですが、つい10数年前にはまだ実現できないことでした。

ネットが普及し、世界がつながったことがビジネスチャンスを広げています。道内の食品メーカーや、お土産屋さんなど多くの企業がネット市場の仕組みを使い、全国に商品を販売しています。営業所を作らなくても、全国を相手に商売ができる。このチャンスを逃す手はありません。グローバル化の項目でも書きましたが、つながる時代だからこそ、マインドをオープンにしていきたいところです。

一方、個人や一部の法人にとって、ネットを始めとするITは仕事を奪うという要素もあります。それが顕著なのがまさに、大手企業の北海道支店です。今まで一般職の事務スタッフ数人でやっていた仕事が、ITで簡単にできてしまうようになるのです。仕事の事務センターへの集約などにより構造的に仕事は減っていきます。

ITは間違いなく、仕事を効率化します。ネットなどを活用して、誰よりも早く、適切に情報を集めることにより、他の人に対して差をつくりだすことは可能です。20世紀的な考え方から言うと、個人レベルでも企業レベルでも、情報をいかに集めて活用するかが問われるというわけです。

ただ、ある程度のＩＴスキルがあれば、検索エンジン、ＲＳＳリーダー、Twitterなどを活用することにより、情報を探すことは可能です。そして、誰でも探せる情報というのは差別化ポイントになりづらいのです。

実はＩＴ化の時代だからこそ、求められているのは、人間でしかできない独自の発想です。泥臭い、プリミティブな発想です。そして、検索エンジンで探される前の、あなたが足で稼いだ情報が求められる時代に既になっています。

北海道にも、楽天などの仕組みを利用して全国に特産品を通販で売っている企業はもちろんあります。そういえば、先日、弘前大学で就活をむかえる3年生向けに講演をした際に、イベントに登場した4年生の1人は北海道の十勝出身で、地元の牧場に内定していました。文系の学生が何故牧場に？　と思ったのですが、彼女は特にネットを使った通販を担当するとのこと。ネットを使って全国に売る時代に変わってきています。最近では、少ない投資でネット起業が可能になっています。別に起業しろと無邪気に煽るつもりはないのですが、札幌出身者としては、札幌発のネットベンチャーがもっと登場して欲しいと感じています。もっとも、変化の兆しはあって、内地で活躍していた人が札幌に戻って、何かを仕掛けようと画策する動きはあるのですが。

ＩＴを活用しつつ、ＩＴではできない、自分でしかできない仕事を増やしましょう。

「起業」ではなく、「創職」の時代

私が現在、注目している動きがあります。これまでの起業や、フリーランスとはまた違った形の「創職」というムーブメントが広がりつつあるのです。「創職」には何パターンかあるのですが、

①起業という形を取らずに、個人が様々な人や組織とコラボして、仕事をする

②普段の企業での仕事とは別に、業務時間外に普段の仕事とはまったく別な仕事を始める

③企業内において、これまでの業務とはまったく関係ない横断的なプロジェクトをつくるなどです。従来の枠組みにとらわれずに、新しい仕事をつくりだそうというムーブメントです。

この言葉を提唱した玉置沙由里さんは、影響力の強いブロガーとして知られ、Twitterのフォロワー数も約1万人おり、ネット界では注目を集めている存在です。彼女によると、「起業」というスタイルは様々な資源を「持つ」形式となっており、損益分岐点が高いと指摘します。「創職」は事務所すら持たず、そのとき、そのときでベストな仲間とつ

ながり合います。それこそ、自宅や友人宅、都心のカフェも仕事場です。実際、東京都内のカフェでは無線ＬＡＮや電源完備の店が増えており、みんなノートＰＣを持ち込み、組織をこえてプロジェクトに取り組んでいる様子をよく見かけます。

玉置さん自身は、京大時代にベンチャー企業で働き、ネットビジネスの面白さに目覚めていました。また、「女。京大生の日記」という人気ブログを運営していました（現在は「女。ＭＧの日記。」にタイトル変更）。学生時代に「没落エリートの出現―ビジネス社会から疎外される高学歴就職難民たち―」というエントリーを書き、日本を代表するブロガー小飼弾氏のブログで取り上げられ、大炎上したことも。京大を卒業した後は、日本最大手のコンサルティング会社に就職しました。大手町にある大企業での生活は、意外にも楽しく、新人時代から大きな仕事を任されていたそうです。

ただ、２０１０年前半に日本でもTwitterが大ブレーク、Facebookも広がりました。たしかに２０１０年前後はソーシャルメディア元年ともいえる時代でした。彼女に言わせると巨大な「露出社会」が出現した、と。つまり、これまでよりも本格的にネット上で、個人ブランドで、仕事を生み出すスタイルの時代がきたと確信。個人がネット上で、個人ブランドで登場し、主張し、つながり合う社会ができたわけです。これなら企業に所属しなくても仕事ができると考え、彼女は大企業をあっさりと辞めてしまいました。「個人がやっと解放された」と彼女はいいます。彼女は現在、フリーでソーシャルメディアのコンサルティングを行う一方、シェアハウスを運営しています。気になる年収ですが、大企業に勤めていた頃のレベルを維持しています。好きなことをして、自由に仕事ができ、年収横ばいというのは、体感値で言うと年収倍増に近いインパクトだと思いませんか?

彼女はそんな創職時代における成功のポイントとして、「あつかましさ」をあげています。わからないことがあったら、教えてくれる人を探して、話しかけて、聞く、というわけです。ソーシャルメディアの時代になって、「話しかける勇気」ということの重要度はますます上がっています。さらにもうひとつは謙虚さです。私も大学時代の恩師に「一流と超一流の違いは謙虚かどうかだ」と教えられました。日常的に大企業から零細企業まで経営者や、経済評論家などと会う機会がありますが、超一流の人は、謙虚で勉強熱心なのです。

このように、組織をこえた自由な働き方という流れができてきたことを覚えておきたいところです。そして、組織に属しているにしろ、仕事は自分で創るものというスタンスは大事にしたいですね。仕事は与えられるものではなく、創るものなのです。

生き残る7つのキーワードとは？

では、これからの企業にとって、個人にとって生き残るためのキーワードとは何でしょうか？　思えば、これまでもずっと「日本はもうダメだ論」がメディアには溢れてきました。「日本的経営はもう終わった」「終身雇用、年功序列を中心とした日本的雇用はもう崩壊している」などです。この「日本はもうダメだ論」は50年くらい前からずっとメディアを賑わしています。そして、海外では少なくとも1960年代～1990年代、あるいは現在においても日本企業礼賛論の論文がそれなりの件数、発表されています。経営学の優れた論文におくられる「マッキンゼー賞」の受賞論文は、数年に1本は日本企業礼賛論がありました。特に、イノベーティブな商品をスピーディーに生み出す組織力、チームワークなどが評価されています。

バブル崩壊、金融危機など様々なトラブルが日本を襲い、事実、その過程で倒産した大企業などもありますが、冷静に見てみると、日本企業は意外にも、しなやかに生き残ってきていると言えます。

今回の3・11東日本大震災、および原発事故という究極的事態は今度こそ、日本はダメなんじゃないかという絶望に私たちを誘おうとしています。この本を書いている、この瞬間にも、まだ避難所で不安を抱えて生きている人、行方不明の家族の帰りを待つ人、原発による風評被害で困っている人はいるのです。震災から1ヶ月経たない頃のある日、仙台在住の先輩から届いたメールは胸を打ちました。

（前略）岩手から福島にかけての沿岸部の被害は悲惨です。私も先週末、嫁と多賀城～塩釜～七ヶ浜等を車で見てきましたが、津波の被害を受けた地区は筆舌に尽くしがたい光景です。今後、復旧から復興に進むと思いますが、元の町並みは戻ってこないでしょう。浪人時代の1年、就職してからの16年を仙台及びその周辺で過ごしているだけに、思い出の多々ある場所が変わってしまうのはつらいですが、「再生」に向けて頑張らなくてはと思いを新たにしています

そんな中、ネットニュースを読んでいたら、こんな力強いコメントを発見しました。

『アンパンマン』の著者であるマン漫画家のやなせたかし先生のインタビューです。大震災の後、アンパンマンの主題歌「アンパンマンのマーチ」へのリクエストがいっぱいあったそうです。たしかに、あの主題歌は大人でも聞いたら、ドキリとして元気になります。「困っている人がいたら、パンを差し出すのが正義」など、胸を打つコメントが多数含まれたインタビューだったのですが、特に印象に残ったのは、最後のこのコメントです。

――‥未曾有の国難とわれています。日本は復興できるのでしょうか

やなせ‥（笑みを浮かべて）出来るのに決まってるじゃないか！　あの戦争だって日本は焼け野原になって、原爆を二個も落とされて人が何十年も住めないと言われたんだよ。それがあそこまで復興できたんだから。日本人は粘り強く、正しく立派に生きている人たちです。間違いなく復興できますよ！

（NEWSポストセブン　2011年5月3日）

この言葉に勇気付けられた人は多数いることでしょう。このインタビューはYahoo!のトップニュースにもなり、話題になりました。

では、これからの時代を生き抜くために、企業と個人が意識するべきこととは何でしょうか？　ベーシックなことかもしれませんが、次の7つであると考えています。

どちらかというとビジネスパーソン向けの内容になっていますが、学生のみなさんも吸収できる部分はぜひ取り入れてください。

1　ポジティブであること

世の中は暗いニュースでいっぱいです。実際、仕事をしていても、苦しい環境になっていると感じることは日々あると思います。苦しい現状の把握は必要ですが、そこに一筋のあかりを見出すのがプロです。短期の悲観と長期の楽観が必要です。「きっとよくなる」と信じて、取り組むことが大切です。

私の好きなエピソードなのですが、楽天市場はスタートしたばかりの頃、注文がバンバン入るわけではなく、困っていたそうです。そんな時に、三木谷社長は自らのポケットマネーで商品を注文。社員に対して、「見ろ、売れたぞ！」と言って呼びかけたそうです。切実なエピソードですが、当時は総合商社なども参入していた日本のネットショッピングモールで、大成功したのは楽天くらいです。短期では悲観的になりつつも、中長期では楽観を持ち、ポジティブに取り組むこと、これが大切なのではないでしょうか。

もっとも、世の中には根暗な人もいます。私も実は、根は暗いです。ただ、行動や考えは明るくすることが可能です。特に行動はそうです。行動を明るくすることによって、考えが明るくなることもあります。

就活をする学生や若手社員と日常的に会っているわけですが、本人には悪気がなくても、いつの間にかイメージが最悪になっている人がいます。これらの人に共通するポイントは、知らないうちに「一応」「とりあえず」「適当に」という言葉を使っていることです。ある意味、口癖になっているのでしょうけど、この言葉を発する人はどうしても「いい加減な人」「適当な人」だと思われてしまいます。また、できない理由を言う人も同様です。まぁ、こういう人はある意味、冷静な人、客観的に物事を見ることができる人とも言えるのです。そして、ネガティブでいると、いつの間にか周りにいる仲間も、ネガティブな人ばかりになっていくものです。これは企業においてもそうで、会社の看板である社員がネガティブだとついついお願いしたくなくなったり、悪い条件での取引が増えるものです。

「あの人、ポジティブでいいよね」「あの会社の社員はいつも元気」カラ元気でも構わないので、ポジティブにいきましょう。

2　情報感度が高いこと

前述しましたが、すさまじいまでの高度情報化社会になっています。そんな中で、有効な情報をいかに把握するのかということが問われ続けています。そして、ネットに出た情報、本や雑誌に出た情報ではもう遅いのです。もちろん、多くの個人や企業はこれらの情報すら把握していない場合もあるわけですから、知っているだけでもまだいいのですけど。

あふれるほどの情報がある一方で、「それは、本当なのか？」という情報が流布する時代でもあります。ネットを起点とした情報はもちろんですし、今回の原発事故などに見られるような、情報を隠蔽しているのではないかと思われるような事態もあります。複数のソースを持つこと、「それは本当か?」と疑うことが大事です。

我が師であり雇用ジャーナリストでもあり、『ドラゴン桜』の外伝『エンゼルバンク』の主人公海老沢のモデルでもある海老原嗣生氏は、必ず日経とサラリーマン向け夕刊紙を読みくらべるようにしています。一見すると対極に位置するメディアなのですけど、だからこそ、ある出来事に対して複眼的な視点を得られるというのです。

また、情報を集める上では、「時空をこえた視点」を持つことを意識しましょう。「時空をこえる」とはどういうことでしょうか? それは、「以前はどうだったんだろう?これからどうなりそうなんだろう?」「他の国や地域ではどうなんだろう?」という視点を持つことです。例えば、ヒット商品に関して日本はアメリカの数年遅れでくると言われています。特にネットビジネス関係者はいつも海外のメディアに着目したり、直接、足を運んで最先端のトレンドを掴んでいます。中には、海外のものをそのまま真似をしている商品・サービスが多数登場しているのも事実なのです。

情報は足で稼ぐという姿勢が何よりも大切です。それこそ、売れる営業マンは、間違いなく情報を足で稼いでいます。顧客企業に深く、広く、ヒアリングをしたり、現場に足を運んでいます。だから顧客の課題にバッチリあった提案をできるのです。逆にダメな営業マンは課題に関する情報収集がまるでダメなんです。いってみれば、恋愛マニュアル本に頼ってデートするようなもので、一般論で勝負しようとして、相手の気持ちはまるでわかっていないというわけです。

情報のアンテナを鍛えましょう。

3　顧客を誰にするか設定する

ドラッカーではないですが、「誰を顧客にするか」を設定できていない人と企業が多すぎます。誰にでも好かれようとして、結果、誰にも好かれないという状態になっていないでしょうか。300円の牛丼にも、予約がなかなか取れないお店の1万2000円のフレンチフルコースにも、それぞれ熱狂的な顧客はいます。それぞれ、値段も味も雰囲気も違いますが、ここにくるお客様に対しては最大限の価値を届けているのです。ウェブで人気のサイトを見ても、アクセス数の多いサイトは必ずしも見た目がスタイリッシュではありません。例えば、賛否両論あるサイトですが、2ちゃんねるはこの10年間、インターフェースはほぼ変わっていません。月間1億ページビューを誇る人気ブログ「痛いニュース」も見た目はごちゃごちゃしたサイトです。ただ、ファンにとってはそんなことは関係ないのです。むしろ、この混沌としたテイストが合っているともいえます。

誰の役に立ちたいか、具体的な顧客を設定することによって、提供価値もより明確になってきます。絞り込むほど、価値は磨かれるのです。ターゲットを絞りこむと売上が減るのではないかと懸念する方もいることでしょう。心配は無用です。だいたい、ターゲットとマーケットは違うのです。価値を明確にした方が、より分かりやすくなり、想定していなかった層にも広がりを見せるものです。

自分は、自社は誰の味方になりたいか。考えてみましょう。

4　さらけだす力

ソーシャルメディアの時代になりました。メディアの記事を見ると、あたかもバラ色の未来が広がっているかのような論調が占めていますが、私はそうとも限らないと思っています。5年くらい前にWEB2.0という言葉が出てきた頃にも感じていたことですが、かえって隠し事ができなくなり、様々な物事が可視化されていく世の中になるわけです。WEB2.0は簡単に言うと、情報の発信者だけでなく、受け手も参加し、集合知をつくりあげていく世界観です。例えば、企業のサイトがあったとすると、そこにユーザーも参加し、クチコミ情報などを発信していったり、ときには一緒にサイトを盛り上げていくわけです。気づいた方もいるかもしれませんが、気を付けないと悪い情報もあっという間に流布されます。WEB2.0という言葉が出始めの頃、企業のマーケティング関係者は「これからはWEB2.0ですな」ということを言い出しました。でも、「悪いクチコミが入る可能性がありますよ」というと「それは困る！」と言ったのです。

これはソーシャルメディアの時代になっても、あまり変わっていません。広告代理店は「TwitterやFacebookを活用してプロモーションをやりましょう」などと提案しますし、企業もこれらをつかって何かできないかということを言い出すのですが、さらけだす覚悟がないので、結局、「これまでのホームページとどう違うの？」ということになってしまうのです。そして、仮にWEB2.0やソーシャルメディアに乗り出さないとしても、そうこうしているうちにあなたの学校や企業のクチコミは広がっています。グーグルや、「Twitter」の検索画面で学校や勤務先の名前を打ち込んでみてください。知らないうちにクチコミが起こっています。やや余談ですが、ネットのクチコミというのは怖いもので、2ちゃんねるには都内のタワータイプマンションごとのスレッドがあり、「高層階の住人がむかつく」など、実にローカルなクチコミが書きこまれています……。

このような悪いクチコミを恐れず、よい評判を起こすにはどうすればいいのでしょうか。答のひとつが「さらけ出すこと」です。今回の原発事故の件に関しても、今、何が起こっているのかをできるだけ具体的に伝えた方が、たとえ悪い情報であったとしても、国民は納得したと思います。もちろん、パニックを避けるために隠していたということも考えられますし、そもそも事態を把握していなかった部分もあるとは思いますが。

私がラッキーだったことは、これまでのキャリアにおいて、広報担当者を経験したことです。その際に、広報のセミナーを受けたことが何度かあるのですが、そこで学んだことは、問題が起こったときこそ、情報を開示し、隠し事をしないということでした。集団食中毒事件、飛行機の墜落事故、金融機関のシステム障害など、それこそ新聞の1面トップ記事になりそうな不祥事について、同一業界で同規模だったとしても、どのくらい大問題になったかは広報の対応によって異なります。できるだけ早く謝罪すべき点について謝罪し、起きてしまった問題と影響範囲、今後の対策、被害にあった人への補償などを明確に宣言した方がいいのです。もちろん、このような対応ができるかどうかは、企業としての意思決定や情報共有の体制などがものを言うわけですが。

リスク対応の話ばかりしてしまいましたが、何にせよ、オープンなマインドで、隠し事をせずにさらけ出す勇気が求められると思っています。北海道や札幌のこと、そして、そこにいる企業や人のことは意外なほど、内地には伝わっていません。さらけ出す勇気を持ち、発信していきたいところです。

5　なにしろスピード

前述しましたが、トヨタ自動車には遅巧よりも拙速という言葉があります。ドッグイヤーという言葉がありますが、とにかく変化のスピードが必要な世の中です。そして、スピードの速さが価値を生む時代です。

価値が同じくらいの場合は、スピードが圧倒的な違いを生み出します。いや、仮に価値が低くても、スピードは差別化ポイントになるのです。

あなたが、あるいはあなたの組織のスピードを、圧倒的に速くするにはどうすればいいか？　意思決定の仕組み、そもそもの処理能力に問題がないだろうか？　今一度考えてみてください。

6　つながる力

「つながる力」というと、やはりこれもソーシャルメディアを想像するかもしれません。もちろん、それを通じたつながりもありますが、それだけではありません。国や地域、人種、年齢、性別、価値観をこえて、つながり、コラボすることが必要になっています。競争ではなく、共創の時代なのです。

最近では、世代間格差に関する論がメディアを賑わしており、上の世代＝敵という論にまで発展している感がありますが、私はこのことに違和感を覚えています。もちろん、年金を始めとする社会保障の世代間格差は私も問題であると認識しております。また、「上がつかえていて、出世できない」という意見についても、気持ちはよく分かります。

ただ、上の世代を排斥しても何も始まりません。実際、上の世代を追い出しところで、そのポジションを担うための熟練が必要なので、すぐに世代交代というわけにはいかないものです。たしかに、上につかえている人たちが、尊厳を保ちつつ、ゆるやかに引退できる、降りていけるキャリア制度は必要だと感じています。

むしろ、今、大切なのは、経験と人脈、そしてお金を持っている上の世代を巻き込んで何かを成し遂げるということです。私の周りの企業でも、30代の課長が40代、50代の先輩を巻き込んでプロジェクトをすすめる様子をよく見聞きします。中堅が主導権を握りつつ上の世代を巻き込むと、仕事は面白いくらいに上手くいきます。

企業をこえたコラボレーションも、業界や地域全体を盛り上げることにつながり、効果的です。

さまざまな枠をこえた、つながる力で、世の中を盛り上げていきましょう。

7　イノベーション

変化の激しい時代です。変化に付いていくことも大事ですが、自ら変化を起こすことはもっと重要です。流されるのではなく、流れをつくるのです。イノベーションを自ら起こしたいところです。

イノベーションというと、物凄くお金や技術がいるのではないかとか、スゴイ人が取り組むことだと思うかもしれませんが、そんなことは決してありません。むしろ、庶民的な素朴な疑問、発想からイノベーションは産まれます。特に大切にしたいのは、「不」について考えることです。不自由だ、不便だ、不満だ、不安だ、などです。これらを解消するにはどうすればいいのかを考え抜きたいところです。

もうひとつの発想は、ルールを変えることです。ルールを破るのではなく、新たなルールを創るという発想です。

イノベーションを起こすためには、やや極端に考えてみることもオススメします。例えば、コストを半分にするにはどうすればいいか。売上や利益を2倍にするにはどうすればいいか、などです。普通に考えていたら、通常の努力の域を出ない発想しか出てこないわけです。2倍や1／2にするなど、大胆な数字を掲げることによって発想は劇的に変わります。

いかがでしたでしょうか？　変化を捉えつつ、仕掛けましょう。

北海道を、札幌を中心に考えてみよう

北海道に限らず、地方都市に住む30代〜40代の気鋭の経営者と会っていると、必ず、「地図を用意しろ。自分の会社を地図の中心において、コンパスで円を書け」という話をします。すると、東京が中心の地図とは違う視界が広がります。東京を中心に考えると、ついつい、「自分たちは一地方都市だ」と考えてしまいがちですが、自分たちを中心に考えると、見える視界はまるで違います。

例えば、先日、夫婦で石垣島、西表島などの沖縄県八重山諸島に遊びに行ったのですが、沖縄県にあるこの島は、実は沖縄本島からは400キロ離れているんですね。400キロは東京から仙台や名古屋に匹敵する距離です。これほど離れているのに同じ県というのもなかなかスゴイ話ですが、実は八重山諸島は台湾まで200キロ。こちらの方が近いのです。毎週、定期便で台湾の人たちがやってきて、ショッピングセンターで買い物をしていくのだそうです。

ぜひ、グーグルマップなどで世界地図を広げてみてください。北海道を中心に円を書い

てみると、実は中国やロシアも東京と同じくらいの距離なのです。日本の地方都市という発想ではなく、北海道を中心にして他の市場を攻略しに行くという発想を持ちたいです。

札幌は、都心と空港が離れているものの、とはいえ40分強で空港まで移動できます。札幌の経営者たちと話をすると、「札幌はホーム。こちらが本拠地で、東京や海外という〝戦場〟に毎週向かっている」という話をよく聞きます。大好きな北海道に根を張りつつも、マーケットを意識して動くというわけです。一方、道内への貢献は考えていて、道内企業とのつながりもそうですし、何より道内で雇用し、道内外に対して「あの会社は北海道にあり」ということで存在感を示しています。

他のエリアに進出するということは、価値を提供できる対象が増えるのだと、前向きに考えるべきだと思うのです。

あえて北海道＝国、札幌＝首都だと考えてみる

北海道中心主義をより発展させて考えてみましょう。日本においては、地方分権、道州制の導入などの議論がいつも巻き起こっては消えていきます。地方分権の流れで言うと、財源の地方移管などは進みつつありますし、地方によっては大阪の橋下府知事を始め、強力なリーダーシップをもった新しいタイプのリーダーが生まれつつあります。

幼い頃、トイレに貼ってあった世界地図を見て、「いつか北海道が日本から独立すればいいのに」と思っていたことがあります。農業と観光、工業を軸にし、内地や、他の国とも仲良く交易し、戦争をしない国をつくる。これが私の幼い頃の夢でした。

いま思うと、いわゆるユートピア社会主義なんじゃないかと反省したりもしますが、もしも、北海道が国だったとしたら、財政赤字を出さずに、独立を保つにはどうしたらよいか。一度、大胆にこんな発想をしてみてはいかがでしょうか。果たして、現在の産業で勝てるのか？　雇用を生み出すことができるのか？　教育のレベルは保つことができるのか？　現状では、到底無理な部分はもちろんありますが、「自分たちはひとつの国なん

だ」という発想を持てば、物事への取り組み方は大きく変わるのではないかと考えています。特に、産業をつくること、守ることの優先順位がいかに高いかということが分かるかと思います。

個人的に強く問題意識を持っているのが、トップクラスの優秀な学生にとって、最高に学び甲斐のある大学、そして最高に働き甲斐のある企業がない（少なくともそう思われている）ことです。第1章で書いたように、だから人材の流出が止まらないのです。

もちろん、学び甲斐のある大学を作ること、いまある大学を変えることは並大抵ではありません。だから、短期的には、道外に行きたい大学があって実力面でも、経済面でも十分そうだったら、ぜひそちらに進学することを私はオススメしたいのです。経済面で難しいと思っても、奨学金やアルバイトに力をいれて、節約すれば十分に可能だと思います。私の知っている学生でも、帯広出身で、家賃も含めた生活費は全部出すという約束をして道外の大学に進み、さらには留学までした後、大手企業に入社した人を知っています。私も高校時代の恩師に言われました。「大学は、ぜひ道外の大学で学びなさい。大学では腹いっぱい勉強しなさい。遊びなさい。恋をしなさい。そして、経験を積み、北海道に戻ってきて還元しなさい」と。そして、私の周りにはまさに、内地の大学で学び、大手企業などで勤めた後、札幌に戻って起業したり、実家をついで業務拡大に取り組んでいる経営者がたくさんいます。願わくば、札幌で経営者をしている彼らに今の企業を優秀な人材が争って、「入社したい」「ここで働きたい」と言ってUターンしてくるような企業に育ててもらいたいところです。そう、皆、仕事にしろ、勉強にしろ、もっと燃えられる何かが欲しいのです。

このような、一度内地に行き、戻ってきて故郷に花を咲かせる人材を「シャケ型人材」と呼びます。3・11の大震災の影響もありますが、そんなシャケ型人材は現在も増殖中です。この「シャケ型人材」ムーブメントをぜひ道も、市も仕掛けるべきだと思うのは、私だけでしょうか。

もうひとつ、注目するべきムーブメントがあります。それは「二毛作社会」という考え方です。実は雇用系の研究者や論客がこのような社会づくりの提言を水面下でまとめていますし、実際にそんな働き方をしている人たちはすでにいます。70歳くらいまで働くことを構想し、前半の20数年と後半の20数年を分けて考えます。若いうちに腹いっぱい働き、稼ぎ、資金を貯めて、後半の人生ではそれを運用しつつ、これまで身につけた経験、スキルを活かしつつ、自分の好きなことをしてスローに暮らすという生き方です。自然に恵まれつつ、札幌のような大都市もあり、物価も内地ほど高くない北海道は「二毛作社会」にぴったりです。

誤解なきように言いますが、別に北海道の大学や企業がダメだと言っているわけではありません。そして、地方からの人材流出は日本全体の構造的な問題です。ただ、それに対して「しょうがない」と言っていても始まりません。非常に単純に言うならば、魅力的な大学、企業が増えること、特に魅力的な企業が増えることこそが、一番の特効薬ではないでしょうか？

最近ではそんな企業も出てきてはいます。ぜひ、北海道若年者就職支援センター（ジョブカフェ北海道）が発行している冊子、『北海道の元気企業』を手にとってみてください（大好評につき、すでに品切れ。現在はウェブサイトhttp://www.jobcafe-h.jp/ach/index.htmlで読むことができます）。この冊子には北海道の元気を作る、道内の中堅・中小企業が60社紹介されています。ビジネスに独自性・優位性があり、ナンバーワン、オンリーワンになっている企業が多数登場しています。

北海道全体は広大ですが、そのなかでも大学や企業は札幌を始めとした都市部に集まっています。都市部にあるので、産・官・学の連携は進めやすいのではないかと信じたいです。「雇用の分野の仕事をしていると、現状では「欲しい人材は地元にいないし、都市部から帰ってこない」というのが構造的な課題です。ここを打破すべく、産業づくり、人づくりに注力すべきです。

それこそ、私がトヨタ自動車との合弁会社立ち上げのために赴いた愛知県はそんな都市でした。トヨタ系を始めとした自動車産業などの工業が発達していることもありますが、愛知県出身者は名古屋大学を始めとする県内の大学だけでなく、県外の大学に進学し、就職の際に戻ってくるという一連の流れがあります。そこが愛知県の保守性、閉鎖性を物語っているという指摘もあります。

何しろ、私たちは産業を起こさなければならないのです。産官学がつながり、面白い若者、面白い企業がどんどん生まれる地域にしなければならないのです。

北海道、札幌出身者のロールモデルを多数提示せよ

北海道は多数の人材を輩出しています。例えば、音楽関係者だけでも多数います。私が生まれてから登場したアーティストだけでも、松山千春、中島みゆき、安全地帯に始まり、大黒摩季、ドリームズカムトゥルーの吉田美和、最近では福原美穂、サカナクションなど実に多数です。超有名というわけではありませんが、怒髪天のように、世代をこえたファンから長年にわたって支持されているパンクバンドもいるわけです。

そういえば、高校の同級生にも、ミュージシャンがいます。ある友人は当時から学園祭などでも目立っており、毎月のように市内にライブハウスに出演していました。彼はDACHAMBOというバンドで活躍中です。フジロックフェスティバルにサマーソニック、ライジングサンロックフェスティバル、朝霧ジャムという国内の大型ロックフェスティバルにはひと通り出演しています。同じくある同級生は、作曲家として活躍しており、今をときめくアニソンアーティスト水樹奈々を始め、多数のアーティストに楽曲提供をしております。

北海道から内地に羽ばたいて行ったアーティストだけではありません。30年近くにわたり活動している札幌のヘビーメタルバンド、サーベル・タイガーのように、地元で頑固に活動し続けているバンドもあります。それこそ、奥田民生のバックバンドで叩いている湊雅史氏や、日本を代表するヘビーメタルバンドLOUDNESSに加入した鈴木政行氏もこのバンド出身です。

私の好きな音楽ネタが中心となってしまいましたが、政治・経済・文化のあらゆる分野で北海道は人材を輩出しています。ただ、誰が北海道出身者なのか、実は道内外にちゃんと伝わっていないのではないでしょうか?

北海道出身、札幌出身であることをオープンにしている人については、どんどんそのことを開示し、道内外に知らせるべきだと考えます。人材輩出エリア北海道・札幌をよりメジャーにしたいのです。これは道外に対してのブランディングだけではありません。後進の若者のためなのです。北海道出身者・札幌出身者が活躍している事実が若者に届けば「あの人も北海道出身なんだ!」と、ますますやる気が高まることでしょう。別に有名な人だけではありません。道内外で活躍する先輩の姿や、その生き様、キャリアをもっともっと札幌の若者に共有するべきだと思うのです。

若者にとって永遠の課題は、お手本となるロールモデルがいないことです。いや、現実には世の中にはいるのですが、その存在が彼ら彼女たちに届いていないのです。現在、大学などではロールモデルとなる先輩との接点をできるだけ多く、深くつくる取り組みが行われています。後進の育成のためにも、道民が道内外でこんなに活躍しているということをメディアやイベントを通じて発信する必要があるのではないでしょうか。そして、ロールモデルの登場を待っているだけではいけません。自分がなればいいじゃないですか。自分が前例になる勇気を持ちましょう。

私がこだわっていることは、必ずプロフィールに北海道札幌市出身と書くことです。私は決して売れっ子の著者ではないですが、それでも、北海道出身者が頑張っているということを後進に伝えたいからなのです。この本を読んでいる皆さんもぜひ、様々な機会を通じて、ぜひ北海道出身者であることを、もっともっと発信してもらいたいのです。

ビジョンを創ろう

この本ではあまり政治的なことについて発言してきませんでした。北海道は北方領土問題を始め、数々の政治・経済的な問題を抱えているエリアであると言えます。この章でも北海道をあえて国として捉えてみろという視点を提供しました。国として捉えた場合、考えなくてはならない諸問題はたくさんあります。国としてじゃなかったとしてもです。

思うに、もっとオープンに北海道、札幌をどうするかということについて論じ合うプラットフォームが必要だと思っています。ビジョンは与えられるものではなく、みんなでつくるものです。世代や立場をこえ、議論することが自由な空気を世の中につくっていくわけです。物言えぬ世の中は不自由な世の中です。たとえ主義主張が異なっていても、多様な意見をぶつけ合うということによって、自由な空気が作られていくというものです。

「北海道朝まで生討論」のような番組を、どんどんやるべきです。地元マスコミも、市民同士の意見交換ができるよう、紙面に言論プラットフォームをつくるのはどうでしょうか。また、都内では、ロフトプラスワンのように、ちょっとした著名人同士がライブで対談し、それを聞きながら楽しむ居酒屋などがあります。メディアには掲載されない、ある意味ぶっちゃけたホンネの議論を聞ける場所として好評を博しております。

このような庶民の議論を通じて、次の北海道を、札幌をどうするべきかというビジョンを創り上げるべきだと思います。みんなが誇りにできて、ワクワクして、たくさんの人に愛される。そんな大地に北海道をするべく、皆さんも当事者意識をもって議論に参加しようではありませんか。私はもちろん、最大限に力を注ぎます。

ここでは、変化の兆しについて解説しました。まだまだ語りたりませんが、皆さんに言いたいのは、外部環境の変化に気づくこと、それについて自分はどう思うか、どうするかを考えることが大切です。評論家はいりません。当事者こそが必要な時代なのです。

第 4 章

札幌の若者に、今取り組んでもらいたいこと

最終章のこの章では、この本を手にとって頂いた札幌の若者の皆さんに、今、取り組んでもらいたいことについてお伝えしたいと思います。まさに、私が 21 年前の 16 歳だった自分に伝えたいことであります。共感して頂ける部分があったら、ぜひ、今すぐ実践して頂きたいです。

「外向き志向」で行こう

若者の内向き志向が話題になっています。よく例としてあげられるのは、グローバル化の時代なのにも関わらず、海外勤務を希望する若者が減っているという事実です。産業能率大学が2010年7月に発表した『第4回新入社員のグローバル意識調査』によると、海外志向の強弱は大きく二極化しており、海外で「働きたいと思わない」という回答が49・0%でほぼ2人に1人だった一方で、「どんな国や地域でも働きたい」と答えた人は27・0%で過去最高になりました。総合商社のように世界を相手に貿易や事業投資を行う企業ですら、海外赴任を志望する人は少ないとのことです。

もっとも、日本の若者だけが内向きというわけではありません。中国や韓国の若者がどんどん欧米や日本に進出していることが話題になっていますが、これは上昇志向もありますが、国内での就職先が必ずしも十分ではないという事情もあります。

ただ、いずれにせよ、視点が「外向き」であることは、今後の札幌の若者にとって絶対に意識するべきことでしょう。それこそ、第1章でふれたように、気づけば内地コンプレックスになっていて、視野が狭くなっていては意味がありません。仮に札幌に留まったとしても、札幌はビジネス上でも国内外の他の地域や、来訪してくる観光客を相手に何らかのやりとりをするものです。道外の社会がどうなっているのかを、見るべきだと思います。

ぜひ、オススメしたいのが、青春時代の今だからこそ、道外や海外に旅行するべきだということです。もちろん、10代のうちはお金も時間も自由にならないことでしょう。でも、親にお願いしてでも、これは実現するべきだと思います。もし、この本を読んでいる親御さんがいたら、見識を広める、深めるための道外、海外への旅行という最高のプレゼントをしてもらいたいのです。私が母親に感謝しているのは、小学生の頃と、中学校を卒業し高校に入学する前に首都圏への旅行をプレゼントしてくれたことです。あの時に見た世界が、自分の視野をどれだけ広げてくれたことか分かりません。また、これは大学時代ではありますが、海外旅行に2回行けたことはラッキーだったと思っています。最初のアメリカ旅行で、私の視野は一気に広がりましたし、自分の価値観にも大きな影響を与えました。ロサンゼルスの空港に着いた瞬間、初めての海外旅行であることなどお構いなしに、カナダ人に道を聞かれたことを覚えています。設備が高度に整ったアメリカの大学や、スラム街でうなだれる貧しい人をみて、自由競争、資本主義、消費社会が極度に進んだ国の姿から、日本や自分のあるべき姿を考えました。ただ、後悔していることがあるとしたならば、私は学生時代に2回しか海外旅行に行かなかったことでしょうか。今、思うと、親に借金をしてでも、死に物狂いでバイトしてでも、休みのたびに海外に行くべきでした。

私が言う「外向き」という言葉は別に、道外や海外に目を向けろ、その地域に行ってみろということだけをさすわけではありません。異なるものともっと触れ合い、人生の多様性に気付こうというメッセージを込めています。他の人はどう考えているのだろう、例えば年齢や性別が違う人、国籍が違う人はどう考えているのかを考えてみるべきです。あるいは書籍を通じて出会うことができる、先人たちはどう考えているのかということにも注目するべきです。

たまたま、この本を執筆している途中に、慶応義塾大学の日吉キャンパスで講演をする機会がありました。講演するからには、その大学のことを調べていかなくてはと思い、慶応義塾大学を創設した福澤諭吉の『学問のすゝめ』に目を通しました。厳密には、原書ではなく、明治大学の齋藤孝教授が現代語訳したものです。皆さんも「天は人の上に人を造らず」という有名なフレーズは聞いたことがあるかと思いますが、その後に何が書いてあるか知っていますか？　実は人生設計や、学問のあり方、品格の高め方、正しい実行力をつける方法などが論じられていたのです。約１３０年前の本なのにも関わらず、言葉には重みと迫力があり、時代を感じさせるものもありつつも、普遍的なことを語っていると思いました。一方、世界とどう向き合うかという日本人の課題は、今も昔も変わっていないと感じた次第です。

第1章で書いたように、北海道、そして札幌は自由奔放なイメージとは裏腹に、意外と閉鎖的です。よく言えば仲が良く、悪く言うと群れるわけです。上手く、その中に入ることができれば居心地は良いのでしょうが、気づけば時代に取り残されている、みんなと一緒に総倒れになっているということもあるでしょう。

地方にいても情報源を工夫するだけで、多様な情報に接し、価値観の多様性に気づくことができます。私は高校時代に、図書館にある岩波新書を片っ端から読み、なけなしのお小遣いで当時流行っていた別冊宝島のルポルタージュを読みあさりました。まぁ、今思うと、決してレベルの高い読書ではなかったと思います。ただ、あの日々があったからこそ、価値観の多様性に気づいたのだと思います。

これからの時代を考えた場合、ぜひ、16歳のうちから意識してもらいたいことがあるとしたならば、英語の勉強には力をいれるべきです。最近では、新卒の採用条件や、入社後の昇進・昇格のために、TOEIC700点以上を課す企業も増えてきました。グローバル人材＝英語が出来ることとは限らないのですが。それでも、英語ができた方が良い理由はあります。それは、英語ができるようになるだけで、もっともっと多くの人と、もっともっと大きく関わりあうことができるからです。海外のニュースソースにアクセスできることも大きな魅力です。この本を読んでいる方の中にもご存知の方はいるかと思いますが、同じニュースでも報道機関によっては取り上げ方がまったく違います。そして、海外のニュースの方が国内では報じられない正しい情報を伝えていることすらあります。もちろん、トンデモ情報もたまに発信され、それが日本に対する誤解を増幅させていることもありますが、語学を覚えることは、その国の人の思考回路を学ぶことでもあります。

高校時代、受験勉強が嫌いでドロップアウト気味だった私ですが、英語と倫理・政治・経済の勉強だけは夢中になって取り組みました。自分のこれからの人生に役立つと考えたからです。英語は洋楽と洋画を翻訳なしで楽しめるからという意味もありました。当時の私は、英語だけは予習、復習をし、毎朝ＮＨＫのラジオ英会話を録音して聞き、これは趣味でしたが洋画、洋楽をひたすら楽しむことに取り組んでいました。一応、受験と大学生活では英語にあまり苦労せずに過ごすことができました。

「外向き」ということを強調しましたが、もちろん、北海道や札幌のことをじっくりと見て考えることも大切です。でも、黙っていてもそれには取り組むと思ったので、今回はあえて「外向き志向の若者になろう」ということをメッセージとして伝えたいと思います。皆さんも「外向き志向」でいきましょう。私もそうしますし、そんな若者が育つよう、最大限の努力をしたいと思います。

自分の色を磨こう

若者にとって「個性」という言葉ほど複雑な心境になる言葉はありません。自分の個性とは何なのかに悩みますし、「最近の若者は個性がない」と言われて傷つき、個性を発揮しようとしたら叩かれます。

時には見た目や言動が変わっていることを個性だと勘違いしている人もいます。私はそれでも、個性を発揮した方がいいと思います。なぜなら、私の個性であり、あなたの個性だからです。個性とは主張することにより磨かれ、他の者と触れ合うことによってさらに磨かれます。「出る杭は打たれる」という言葉もありますが、同時に、「出過ぎた杭は打たれない」という言葉も存在します。私は前者を経験したのち、後者の域に達しました。もちろん、社会も会社も、それぞれが個性を主張するだけでは動きません。ただし、今の社会を考えると個性をより主張し、ぶつかり合うぐらいがちょうどいいのではないかと思います。

私は毎年、就活をする学生を模擬面接していますが、毎年、数百人に対して実施します。企業で人事をしていた頃は、それこそ集団面接で毎日数十人を面接していました。その時にずっと感じていたことは、画一化が顕著であることでした。第1章でもエピソードを紹介しましたが、そもそも学生時代の経験が偏っていますし、面接で言うこともお決まりの言葉だらけ。みんな、ロボットなのではないかとさえ思う瞬間もありました。まぁ、新卒の就活に関して言うならば、誰もが初めての体験なので、マニュアルに走る傾向が顕著なのですが。そして、我々オトナたちも学生を型にはめていることを反省するべきです。「コミュニケーション能力がほしい」「成長意欲がほしい」そんな言葉が若者を焦らせ、行儀のよい、オトナに気に入られる就活生を量産しています。

「自分色を磨け」は、私が採用担当者をしていた頃から、一貫して言い続けてきたことです。集団の中で埋没しない、自分の色を磨いて欲しいのです。そして、この自分色を磨くためにも、「自分の目で見て、自分の言葉で語る」ことにこだわって欲しいのです。新卒の採用においても、社会に出てから仕事をする上でも、信用されないのは、人の言葉を受け売りする人、物事の根拠が明確ではない人、自分の言葉で話してくれない人、言葉に熱や魂を感じない人です。間違っていても構わないので、自分の考えを発信して欲しいのです。そうでなければ、どう反応していいか分かりません。そして、主張せずに人の話に流される「いい人」は、社会に出てからでは「どうでもいい人」なのです。これはプライベートな人間関係においてもそうで、信頼できる友人というのは、自分の意見を反対意見も含めて主張してくれる人です。

では、自分の言葉で語るにはどうすればいいのか。主張する勇気を持つのもそうですが、「自分はどう思うのか?」これを考え続けることだと思っています。ニュースにしろ、プライベートなことにしろ、「自分はどう思うのか?」を考えるクセをつけましょう。最初は、好きか嫌いか、賛成か反対かというレベルからでも構いません。少なくとも何らかの感情は沸き上がっているはずです。もちろん、感情をぶちまけるだけでは「おまえはバカか」と軽くあしらわれるので、その根拠とロジックは考えなくてはなりません。ただし、そう思うからにはきっと何か理由があるはずです。個人的には、間違っていることや、感情論であっても構わないので、まず主張する勇気を持って欲しいと思います。私たちオトナたちが、間違っている部分は違うと指摘しつつ、彼ら彼女たちがより意見を言えるように指導し、応援するべきだと思いますし、主張する場を設けるべきです。

そして、自分の意見を言う際に意識したいのは、「本当はどうなのか？」「本当はどうあるべきか？」という視点です。健全で建設的な批判精神が大切だと思っています。元々、権力を監視するのはジャーナリズムの役割なのですが、いまやだいぶ権力に迎合していると言わざるを得ません。ジャーナリズムにだけ期待していてはいけません。まさに、若者の皆さんは「本当はどうなっているのか？」という視点を持ち、さらには「本当はどうあるべきなのか？」という理想を語ってもらいたいのです。

私の尊敬する田原総一朗さんの大好きな言葉に、「太陽の色が白色なのは、七色あって白色になってるんで、全部白だったらおもしろくもおかしくもない」というものがあります。『朝日ジャーナル』（朝日新聞社　現在休刊）の1977年6月3日号に掲載されていたコメントです。「公正とは多様な色の寄せ合いだ」というわけです。思えば、故筑紫哲也さんの「NEWS23」における最後の「多事争論」でのメッセージもよく似ていました。「力の強いもの、大きな権力に対する監視の役を果たそうとすること、それから、とかくひとつの方向に流れやすいこの国の中で、この傾向はテレビの影響が大きいんですけれども、少数派であることを恐れないこと、多様な意見や立場をなるだけ登場させることで、この社会に自由の気風を保つこと、そういうことが含まれています」私はこのコメントが大好きです。多様な意見を主張できるのが、自由な社会だと思っています。自ら自由を放棄してはいけません。

自分色を磨きましょう。主張しましょう。

夢中人になろう

2010年の春に『就活難民にならないための大学生活30のルール』（主婦の友社）という本を発表しました。私がこの本を書いた理由は、たくさんの就活本を書き、就活生の前で講演した結果、辿りついたある結論によります。それは、就活対策なんて、やっても無駄だということです。最近の就活マニュアル本は進化していますし、時にはなかなか深いことを書いていたりします。でも、いかにマニュアルを活用しようとも、結局、自分の中身が充実していないと意味がないことに気づいたのです。大学生活の充実こそが納得内定への近道であり、充実していた人は人生も楽しめるのではないか、と。同様に、たくさんの大学生に会い続ける中で、「大学生活が楽しくない」という人がたくさんいました。「就活」をタイトルにしていますが、実際は大学生活を充実させるためのガイドです。おかげ様でこの本は大好評で、学生だけでなく、大学の教職員や保護者からも支持され、3ヶ月以内に初版と同じ数だけ増刷がかかるというスマッシュヒットになりました。

大学生は、以前は入学するのは大変でも、入学してしまえばレジャーランドであり、モラトリアムだと言われてきました。でも、彼ら彼女たちも大学生活が充実していないことに悩んでいます。これは、この本を読んでいる10代の皆さんも同じではないでしょうか。

そんな皆さんにぜひお伝えしたいのは、「夢中人」になって欲しいということです。何かに、夢中になってほしい、熱中してほしいということです。青春時代に夢中になったことは、どんなくだらないことであれ、宝物の時間です。私も高校時代に、学園祭や球技大会に熱くなったこと、ヘタクソではありましたが、バンドの練習に熱中したこと、そして、読書と音楽鑑賞に明け暮れたことは、その後の血や肉になっています。大嫌いだった受験勉強も、今ではよい思い出です。日々、「ひょっとしたら合格できるんじゃないか？いや、合格する」という成長、変化を感じていました。学生時代のゼミとサークルだってそうです。夢中になった日々は、決して皆さんを裏切りません。がむしゃらな日々はきっと報われるのです。

ぜひ、皆さんに言いたいのは、自分に限界を設けないことです。皆さんはノミの実験の話をご存知でしょうか？　ノミの中には実は数メートルもの高さをジャンプできるものもおります。そんなノミを空の水槽に入れ、透明なガラスでフタをします。ノミはジャンプしてもぶつかって落下します。これを繰り返していくと、次にフタを外した際に、ノミはフタの高さ以上に飛べなくなっているそうなんです。これを私は「見えない壁」理論と呼んでいます。皆さんも、自分に限界を設けていないでしょうか?

また、札幌の若者の皆さんにぜひ言いたいのは、「わかる」と「できる」の違いに気づき、「できる人」「やれる人」なって欲しいということです。いつも学生の前で講演すると、中には「そんなこと知っているよ」という人が多数います。でも、「わかる」と「できる」、さらには「やる」は違うのです。札幌の若者の皆さんにはぜひ「できる人」「やれる人」になって欲しいのです。

「自信がない」って、言うな

若いうちは自信を持てないものです。思えば、私もそうでした。自分が嫌でしょうがない時期もありました。学校や会社に行くのが嫌な日も。特に高校あたりからは、逆立ちしても勝てないような優秀な人が周りにいて、自分とは何なのだと思った瞬間がよくありました。私は日々学生や、若い社会人を面談していますが、多くの若者は「自信がない」ことで悩んでいます。

大学時代、恩師に学んだことがあります。それは「自信と時間とアイデアは、創りだすもの」だということです。自信は自然に湧いてくる部分もありますが、自ら創りだすものでもあります。

ここで自信をつけるためのコツを教えましょう。ひとつは褒めてもらうことです。ただ、多くの人は「自分には褒めてもらえるようなポイントがない」と悩んでいないでしょうか。そんなアナタが、褒めてもらうためのコツを教えてあげましょう。これはタリーズコーヒージャパン創業者であり国会議員の松田公太さんと、Ustreamの番組で共演した際に学んだことです。それは普段から周りの人を褒めることです。褒めるというのもなかなか大変なことです。相手のよいところを探さなければいけないですから。変化に敏感にならなければなりませんし、心をひらいていかなければできません。でも、それを繰り返していると、いつの間にか信頼されて、よく褒められるようになります。

もう1つは、何か経験を積むことです。青春の悩みはたいてい、行動の量が解決してくれます。行動の量を増やすと、経験がたまりますし、周りの人の見る目がかわります。気づけば前向きな仲間とも知り合うことができます。何かに取り組んでみる。その一歩を踏み出せるかどうか。これが大きな違いを作り出します。まず、やってみる。やると決めたらやりきる。これで自信はつきます。

そして、振り返りをする。これも自信をつけるポイントです。自分には強みがないし、自信もないと思っている方がいます。でも、振り返ってみると、自分が蓄積してきた何かがあるわけです。いわゆる自己分析の一種ですが、私は「自分の10大ニュースを書くこと」をすすめています。自分史分析に近いですね。でも、10大ニュースにするところがポイントです。10にすると、最初の5くらいまでは思いつくのですけど、だんだん辛くなってきます。でも、苦しい中、10考えると自分を作ってきた意外な出来事に気づくものです。そして、このワークは1人ではなく、みんなでやるといいでしょう。みんなで共有し、感想を共有したり、質問をするのです。他者からの視点があるため、新たな気づきがあるはずです。そして、ここでも褒められることにより自信がつきますし、自分の強みに気づくのです。

若者はついつい「自信がない」と言います。しかし、黙っているだけでは自信はわきません。自信は、創るものです。その具体的な方法だって、あるわけです。そして、「自信がない」と言っているうちは、仲間からも信頼されません。この3つの方法で、自信を創り、強みに気づきましょう。

何より、自分を信じる勇気を持ちましょう。

「ありのまま」よりも「ありたいまま」

よく、大学のＡＯ入試や企業の面接では「ありのままの自分を見せてください」と言います。まぁ、面接はそもそも、受けてくる人のベールを剥ぐ行為だと言われており、そう言われなくても、ありのままにされるのですが。この「ありのまま」というメッセージは一見すると、聞こえがよいのですが、やや意地悪な解釈をするならば、そのまま成長しなくてもいいんだよ、とも聞こえると思います。

私は「ありのまま」よりも「ありたいまま」でいいじゃないかと考えています。若干の背伸びをしつつも、「ありたいまま」にこだわる、と。もちろん、憧れだけで、努力を伴わない「ありたいまま」には意味がありません。ただし、理想と、そのための努力を備えた「ありたいまま」というのは成長につながるのではないかと考えています。

自分のありたい姿に、キャッチコピーを付けてみてください。別に周りに宣言しなくていいです。私自身、人には言いませんが「若者×働くについて、マルチな場で発信するオピニオンリーダーになりたい」と心の中で宣言していました。オピニオンリーダーになれたかどうかは分かりませんが、少なくともこの分野について発信することにはこだわっています。

力強い未来予想図があれば頑張ることができます。自分自身の未来予想図を具体的に描き、キャッチコピーを付け、心の中で追い続けましょう。

青春の悩みをこえて、一歩前に進もう

最後に。16歳の自分に語りかけるつもりで、この本で伝えたかったことをまとめたいと思います。はっきり言います。青春とは、実に辛く、苦しいものです。青春という文字に横棒が多いのは、越えていく壁が多いからなのです。ドラマや漫画で描かれるようにリア充で、楽しく、美しいのが青春だとは限りません。青春は先が見えずに、自信も持てず、苦しいものなのです。でも、それでいいじゃないですか。

青春に関して、国会議員の猪口邦子さんはこう言いました。NHKがまだ「青年の主張」という番組をやっていたときのことです。1971年度の全国大会で「平和のためのかけ橋に」という題の講演を行い、最優秀賞に選ばれたのが、当時、上智大学の学生だった猪口（横田）邦子さん、その人だったのです。スピーチは、こんな言葉で始まったそうです。

「わたしたちすべての人間は、生まれながらにしてなんらかの環境的運命を背負っています。青春とは、その運命に対する挑戦であり、自分自身のきびしい開拓の場なのです」

私はこの言葉が大好きです。この言葉からも青春とは決して誰にとっても楽しい時代ではなく、むしろ苦しい時代であり、成長を楽しむ時代なのだということを感じます。

『ホットドッグプレス』（講談社　現在休刊）という若い男性向けの雑誌に掲載されていた、作家北方謙三先生による人生相談コーナー『試みの地平線』を愛読していましたが、この最終回に掲載されていた先生からのメッセージを今でもよく覚えています。

「青春というのは、何かを成し遂げる時代ではなくて、愚かで馬鹿な時代なんだ。突っ走ってはどこかにぶつかり、しばしうつむいて泣いては血が止まったらまた走り出す。そんなばかげた時代だけど、純粋なんだ」

これも、私が大好きな言葉であり、大切にしている言葉です。別に、かっこつけなくてもいいじゃないですか。失敗してもいいじゃないですか。札幌の若者の皆さんには、失敗を恐れず、外を向いて、一歩前に進んでもらいたいと思います。試行錯誤をサボらず、紆余曲折を怖がらず、一歩前に進もうではありませんか。自由、可能性、多様性を究めようではないですか。

そういう私も、札幌時代は皆さん同様に、先が見えず自信が持てずに、どこにも居られない気分になっていた若者でした。学校に行くのが嫌だった日もありますし、嫌なことを忘れるために遊び呆けて虚しくなったことだってあります。でも、今、札幌の街を歩いていると、当時の感情を思い出しつつも、すっかり平気になっている自分がいます。ある意味、擦れたとも、ダメになったとも言うかもしれませんが、もう人生終わりだくらいに悩んだこともあったのに、すべてから解放された気分になっているのは不思議なものです。

不安が絶えない時代です。夢や希望が持てない時代だと言われています。先は見えません。でも、そんな時代だからこそ、夢と希望を持ち、一歩前に進んでもらいたいのです。力強い未来予想図を描いてください。「未来の札幌をつくったのはあいつらだ」「札幌出身の若者はすごい」「札幌からすごい奴が出てきた」そう言われるように、日々チャレンジして頂きたいのです。世の中を変えるのは、よそ者、若者、バカ者なのです。

試行錯誤をサボらず、紆余曲折をこわがらずにいきましょう。

希望をつくりましょう。未来をつくりましょう。

未来は素晴らしいにきまっています。

皆さんが、挑戦する勇気を持つのなら、私はどこまでも応援します。

あとがき

前書きでもふれましたが、この本は1990年に16歳だった、札幌で高校生活を送っていた当時の自分に語りかけるつもりで書いた本です。そして、もし子供が生まれたら、その子が16歳になる頃にぜひ、読ませたいと思っています。

人生の可能性が無限大に広がっているのに、先が見えなくて不安になったり、ついつい目の前のことしか見えなくなってしまう。これは青春時代によくあることですし、その後の人生においてもそうです。常に未来は希望と不安に満ちたものなのです。よく希望のない時代だとか、若者はかわいそうだと言われます。たしかに、そのとおりのある部分もありますが、常に未来は先が見えずに暗いものです。少しでも明るくするように、自分で努力することが必要なのです。

人生にはいろんなことがあります。ドラクエのように、ボスを倒したら、もっと強いボスが登場する。そんな風に困難を乗り越えたら、もっと大きな困難に直面するものです。もちろん、辛いことだけではありません。楽しいことや苦しいこと、勝ったり負けたりの繰り返しです。さらに言うならば、苦しいことが後で役に立つことだってあります。

くれぐれも言いますが、この本は「キャリア論」であって、「キャリアの教科書」ではありません。キャリアには答えがありません。答えは自分で作り出す。そういうものだと思っています。私の価値観を押し付けるつもりはまったくありません。

例えば、第1章で書いたように私がLOUDNESSのボーカル二井原さんの本を読んで、自分の可能性にかけて内地に行こうと思ったように、また日本の多くの若者が矢沢永吉さんの『成り上がり』（角川文庫）を読んで、「BIGになりたい」と思ったように、若者の魂を揺さぶり、行動を加速する本を書きたかったのです。この本が皆さんの人生の変化のキッカケになると嬉しいです。皆さんも自分の可能性にかけて欲しいのです。生き方の多様性に気づいて欲しいのです。若者の可能性は無限大です。自分の人生の主人公であり続けて欲しいのです。自分の「色」を磨き、他人の「色」も認めて欲しいのです。個人が自分の可能性にチャレンジできること、そして多様性が認められること、これこそが豊かな社会だと思っています。もちろん、社会は若者に対してやさしいかというと、そうでもありません。でも、声をあげ続けなければ変わりません。だから、主張すること、挑戦することをやめてほしくないのです。

この本は、エイチエス株式会社の代表取締役斉藤隆幸氏との出会いから始まりました。講演会の打ち上げでした。すぐに意気投合し、想定読者を札幌市民に振り切った、この本の企画が始まったのでした。私の遅い原稿を待って頂き、いつも建設的なアドバイスを頂き、感謝しております。物書きにとって、編集者は極めて大切なのです。

リージョンズ株式会社の代表取締役高岡幸生さん、知識融合化法認定法人フュージョン株式会社の代表取締役佐々木卓也さん、アンビシャス総合法律事務所の弁護士奥山倫行さん、事務長の松野俊一さんにはこの本のためのトークセッションにご協力頂き、たくさんの貴重なご意見を頂きました。私も所属している札幌を元気にするプロ集団、有限責任事業組合ノーザン・ライツ・パートナーズの坂口雅文さん、中野貴英さんを始めとするメンバーの皆さんには今回の企画を全面的に応援して頂きました。高岡幸生さんはリクルートの先輩、そして他の皆さんは札幌南高校の仲間です。尊敬する先輩、青春時代を過ごした仲間に応援して頂き、大変感激しております。そして、彼らの多くは、20代～30代半ばの学生生活、社会人生活を内地で送り、そこで得た知識と経験を故郷に戻って還元し、この街を元気にするべく奮闘中の「シャケ型人材」です。この街を元気にする強力な人材が、どんどん集結しています。皆さんにも将来、その一人になってほしいのです。また、ジョブカフェ北海道のセンター長である益山健一さんには札幌の雇用について貴重なご意見を頂きました。他にも、札幌の雇用・教育関係者の皆さんにたくさんのアドバイスを頂きました。札幌南高校の後輩で、一橋大学商学部3年の大谷安奈さんには、草稿を読んで頂き、ご意見を頂きました。10代を札幌で過ごした彼女の視点は大変参考になりました。

そして、いつも私を支えてくれる家族に感謝しております。

この本が皆さんの人生の変化のキッカケになったら嬉しいです。

人はきっと、変身できます。希望をつくりましょう。

昨日より今日を、今日より明日を素晴らしいものにしていきましょう。

未来は素晴らしいに決まっています。

2011年7月　書斎にて　尾崎豊の「僕が僕であるために」を聴きながら

常見陽平

参考文献一覧

・採用氷河期　／　原正紀　日本経済新聞出版社

・有縁社会も楽じゃない　書評『津山三十人殺し　最後の真相』／　Joe、s Labo
HYPERLINK　http://blog.goo.ne.jp/jyoshige/e/b7cea7908b6a6aad77c1abf45e6e72b3

・くたばれ！　就職氷河期　／　常見陽平　角川ＳＳＣ新書

・できる会社の社是・社訓　／　千野信浩　新潮新書

・不幸になる生き方　／　勝間和代　集英社新書

・「婚活」時代　／　山田昌弘・白河桃子　ディスカヴァー・トゥエンティワン

・回転木馬のデッド・ヒート　／　村上春樹　講談社文庫

・大学生のためのキャリア講義　／　山本直人　インデックス・コミュニケーションズ

・「キャリアアップ」のバカヤロー　／　常見陽平　講談社＋α新書

・凡人のための仕事プレイ事始め／　中川淳一郎　文藝春秋

・夢を実現する技術　／　藤沢晃治　ＰＨＰ新書

・街場のメディア論　／　内田樹　光文社新書

・日本型キャリアデザインの方法ー「筏下り」を経て「山登り」に至る14章　／　大久保幸夫　日本経団連出版

・Harvard Business Review　２０１０年 ９月号　／　ダイヤモンド社
・やなせたかし氏　日本人の正義とは困った人にパン差し出すこと　／　NEWSポストセブン5月３日
HYPERLINK　http://www.news-postseven.com/archives/20110503_18844.html
・北海道の元気企業　／　北海道若年者就職支援センター（ジョブカフェ北海道）
http://www.jobcafe-h.jp/ach/index.html
・第４回新入社員のグローバル意識調査　／　産業能率大学
・学問のすゝめ 現代語訳　／　福沢諭吉　訳・齋藤孝　ちくま新書
・朝日ジャーナルの時代　／　朝日新聞社
・NEWS23　多事争論アーカイブ　／　ＴＢＳ
HYPERLINK　http://www.tbs.co.jp/news23/old/onair/taji/s080328.html
・就活難民にならないための大学生活30のルール　／　常見陽平　主婦の友社
・やさしい経済学「青年の主張」のメディア史　／　佐藤卓己　日本経済新聞　２０１０年4月7日付朝刊
・試みの地平線　／　北方謙三　Hot Dog Press　２００２年6月10日号　講談社
・OECD Historical population data and projections
・産業構造審議会基本政策部会中間取りまとめ（案）
http://www.meti.go.jp/committee/sankoushin/kihonseisaku/005_04_00.pdf
・「若者はかわいそう」論のウソ　／　海老原嗣生　扶桑社新書

上を向かなくてもいい、前を向いて歩こう。

常見陽平

つねみようへい

人材コンサルタント、大学講師、著述業
宮城県仙台市生まれ　北海道札幌市出身

札幌南高等学校卒業後、一橋大学社会学部に進学。転学部し商学部を卒業。

就職氷河期時代の就活の後、株式会社リクルート入社。通信サービス、とらばーゆ編集部、トヨタ自動車との合弁会社、じゃらんnet編集部などを経た後、玩具メーカーに転職し新卒採用担当に。その後、人材コンサルティング会社である株式会社クオリティ・オブ・ライフに参加。実践女子大学、白百合女子大学、武蔵野美術大学で非常勤講師としてキャリア教育を担当。

『「キャリアアップ」のバカヤロー』（講談社＋α新書）、『くたばれ！就職氷河期』（角川SSC新書）、『就活難民にならないための大学生活30のルール』（主婦の友社）など著書多数。

【公式HP】陽平ドットコム
http://www.yo-hey.com

【札幌市民のための16歳からのキャリア論】

初刷 —— 二〇一一年九月一日
著者 —— 常見陽平
発行者 —— 斉藤隆幸
発行所 —— エイチエス株式会社 HS Co., LTD.
064-0822
札幌市中央区北2条西20丁目1・12佐々木ビル
phone : 011.792.7130 fax : 011.613.3700
e-mail : info@hs-prj.jp URL : www.hs-prj.jp
発売元 —— 株式会社無双舎
151-0051
東京都渋谷区千駄ヶ谷2-1-9 Barbizon71
phone : 03.6438.1856 fax : 03.6438.1859
http://www.musosha.co.jp/
印刷・製本 —— 中央精版印刷株式会社
乱丁・落丁はお取替えします。

ISBN978-4-86408-928-9